U0721729

春水方生濡须口

中共无为市委宣传部

无为市历史文化研究会 编

九 州 出 版 社
JIUZHOUPRESS

图书在版编目（CIP）数据

春水方生濡须口 / 中共无为市委宣传部，无为市历
史文化研究会编. -- 北京 : 九州出版社，2024.5
ISBN 978-7-5225-2967-7

Ⅰ．①春… Ⅱ．①中… ②无… Ⅲ．①渡江战役
(1949)－史料－无为市 Ⅳ．① E297.43

中国国家版本馆 CIP 数据核字（2024）第 105355 号

春水方生濡须口

作　　者	中共无为市委宣传部　无为市历史文化研究会　编
责任编辑	刘　嘉
出版发行	九州出版社
地　　址	北京市西城区阜外大街甲 35 号（100037）
发行电话	（010）68992190/3/5/6
网　　址	www.jiuzhoupress.com
印　　刷	成都市兴雅致印务有限责任公司
开　　本	787 毫米 ×1092 毫米　16 开
印　　张	13
字　　数	181 千字
版　　次	2025 年 1 月第 1 版
印　　次	2025 年 1 月第 1 次印刷
书　　号	ISBN 978-7-5225-2967-7
定　　价	68.00 元

★版权所有　侵权必究★

《春水方生濡须口》编辑组

顾　　问：李俊平

主　　编：王敏林　　童毅之

编　　委：蒋克祚　　王惠舟　　程传衡

　　　　　李俊平　　王敏林　　叶悟松

　　　　　耿松林　　丁以龙　　童毅之

　　　　　邢朝庆　　童有兵

编　　务：洪秀中　　侯秀兰　　方梅琳

无为人民支援大军渡江的四个主要渡口

泥汊河入江口（叶悟松／摄）

神塘河入江口（叶悟松／摄）

小江坝入江口（叶悟松／摄）

姚王庙入江口（叶悟松／摄）

前　言

　　1949 年 4 月 20 日，中国人民解放军发起了伟大的渡江战役。从 4 月 20 日午夜起，中国人民解放军第二、第三野战军和第四野战军一部在东起江阴西至湖口，长达千里的长江江面上，以排山倒海之势横渡长江，冲破了国民党军队用三个半月时间苦心构筑的长江防线，彻底扑灭了国民党反动派企图划江而治、分裂中国的美梦，加速了国民党统治集团的崩溃，为解放全中国铺平了胜利的道路。人民解放军第七、第九兵团经过充分准备，在无为地区四县党组织、地方武装、人民群众的有力支持和配合下，于 20 日 20 时率先在繁昌、铜陵一线一举登陆，拦腰斩断了国民党军队的江防，在短短的一昼夜中，30 万中路大军全部胜利渡过长江，继续挥师奋勇前进！

　　在渡江战役中，成千上万支民工队伍穿梭在渡江支前的第一线，难以计数的担架队、筑路队、救护队、运输队夜以继日操劳奔忙，使得渡江部队得以顺利完成渡江任务。广大群众之所以矢志不渝地跟随中国共产党，是党"不忘初心、牢记使命"的坚定信念所激励，是党和广大人民利益关系所维系，是党和人民军队率先垂范所感召，更是革命战争时期倡导和践行党的群众路线的必然结果。

　　渡江战役所取得的伟大胜利告诉我们，人民群众中蕴涵着无穷无尽的智慧和力量，紧紧地依靠广大人民群众，组织起浩浩荡荡的革命军，是取得一切革命胜利的根本保证。

历史是一面镜子，在折射时代风采的同时为我们总结经验，提供借鉴，给予启迪。《春水方生濡须口》一书，描写无为人民凝心聚力支援大军渡江的过程，以一个个血肉丰满、栩栩如生的历史片段与故事，展示出无为人民开展渡江支前的群众运动的伟力和英雄群体形象。

当年，为了"打过长江去，解放全中国"的伟大事业，为了成立一个崭新的社会主义新中国，无为人民甘愿奉献自己的一切，甚至是鲜血与生命。无为人民正是发扬光荣的革命传统，崇文守正，才在这场惊天地、泣鬼神的渡江战役中做出了无与伦比的贡献。

今天，我们所处的环境虽然没有革命战争时期那样艰难险恶，但前进的道路并不平坦，依然荆棘丛生。在新的历史条件下，我们也应充分借鉴渡江战役中的好做法、好经验，把践行党的群众路线作为搞好革命工作的必然途径，把"不忘初心、牢记使命"化为实际行动，结合国情、民情的新变化，与时俱进，贯彻习近平新时代中国特色社会主义思想，把党的群众路线的精髓发扬光大。

为了真实地记录在70多年前发生的那场惊心动魄的渡江战役，中共无为市委宣传部牵头组织本地文史专家和学者，将有关专题研究文章、渡江亲历者的回忆录以及档案文献资料编纂成《春水方生濡须口》一书，为广大干部群众提供了一本爱国主义教育、革命传统教育和国防教育的乡土教材。

希望这本书能够激励人们在新的历史时期，继承和弘扬伟大的渡江精神，积极投身社会主义现代化建设的伟大事业中，像当年渡江支前那样，发扬那么一股拼劲和韧性，励精图治，为把无为建成现代化的创新之城而奋斗！

目录
CONTENTS

概述·纪实

文献·文物

考辨·精神

概述·纪实

概　述

1949 年 1 月初起，中国人民解放军第三野战军第二十四军、二十五军、二十七军、三十军及三十三军一部 20 万余人，陆续集结到江北无为县，分驻在蜀山、襄安、开城、泥汊、汤沟各地，积极待命渡江作战。无为县位于长江下游北岸，大部分地区系水乡，具备人民解放军屯军备战十分有利的地理条件。驻守区域为：二十四军（军长王必成、政委廖海光）北起开城，沿永安河西侧，伸向襄安至沿江；二十五军（军长成钧、政委黄火星）由黄雒、田桥至三汊河、雍家镇（南），向沿江一线；三十军稍后沿着二十五军的路线挺进江南；二十七军（军长聂凤智、政委刘浩天）自石涧经无城至泥汊沿江。其中，第三十三军九十九师配属二十七军指挥。在无为的渡江部队厉兵秣马、蓄势待发。两军对垒，勇者胜，智者赢，大战在即，箭在弦上，一触即发。①

无为人民的战前准备

1948 年初，无为地区四县的敌我斗争仍然十分复杂，争夺尤为激烈。

---

① 葛瑞常.安徽文史资料全书·巢湖卷（上）[M].合肥：安徽人民出版社，2007：508.

4月19日，国民党杨创奇旅及巢无保安大队2000余人，从襄安、石涧埠、无城、巢城散兵数路"围剿"皖西第四军分区。第四军分区武装在尚礼岗尖山垴实施分路突围后，司令员吴万银在庐江东境代家桥战斗中中弹牺牲。7月，华野南下先遣纵队抵达无为，打击、震慑了国民党驻无为的军队和地方反动势力，有力地支援了无为地区党组织和地方人民武装的发展、壮大。中共临江县委在《关于临江武装斗争一年来总结报告》中指出：一年来，临江武装斗争取得很大发展，临江大队"进行大小战斗137次，缴获敌人高射炮一门，机枪4挺、步枪138支、子弹7582发，俘敌292名"[①]。这是无为地区四县一年来对敌斗争情况的缩影。

随着国内战局的变化，无为境内的敌我态势也发生变化。国民党军军心离乱，人民解放军众志成城，解放区面积日渐扩大连片，敌军只占据较大的城镇或交通线，处于分崩离析之态。1948年5月，国民党第5军200师师长戴安澜胞弟戴汝南，秘密和中共湖东县委接触，要求参加革命工作。湖东县委经过慎重考虑，指示他继续担任国民党无为县牛埠联防区主任职务，以便有效地掩护中共人员活动。牛埠区统战关系的建立，为该地军民坚持敌后斗争带来极大

1949年1月21日，无城解放，无为县政府移驻无为县城并举行群众庆祝大会

的便利。9月，第四军分区指令戴汝南带领所属部队合计400人枪，按规定时间开往恍城一线驻扎，使在淮海战役中遭到惨败的国民党刘汝明兵团残部经巢县窜逃至无为过境时无立足之地，溃不成军。12月，国民党驻无为地区

---

① 曹道龙.中国共产党巢湖地方史[M].合肥：安徽人民出版社，2003：349.

四县的部队开始大规模南撤，皖西第四地方委员会、第四军分区（以下部分简称四地委、四分区）指示无为地区四县组织力量，围歼南逃敌人。1949年1月21日，国民党无为县常备队在四分区武装部队强大的军事攻势下，迫不得已弃城逃跑，途经泥汊，被无南大队拦截，全部就范。至此，无城宣告解放。重获新生的无为人民焕发出无比巨大的精神力量，以崭新的精神面貌投入"打过长江去，解放全中国"的伟大事业中去。

1949年1月，原在繁昌驻防的国民党282师师长张奇目睹国共双方力量的根本变化，认清形势，决心弃暗投明，密令部属叶维清与中共临江县委秘密接触，商定反正事宜。经过充分准备，282师在繁昌沿江的油坊咀、黑沙洲、永洲圩、荻港等7个渡口征调民船渡江。2月7日，全体官兵从鲁港起渡，经头棚和灯塔之间，在临江县六洲方

位于无为县凤凰山麓的张彬烈士墓

向登岸，与人民解放军胜利会师。282师起义，打乱了国民党的长江防御部署，再一次给已经四分五裂、濒临崩溃的国民党反动派以沉重一击[1]。

2月底3月初，中国人民解放军第三野战军七、九兵团抵达枞阳、无为沿江地带，备战演练。4月1日，人民解放军第二十四军七十四师在临江大队、无南大队的配合下，相继攻克无为境内的刘家渡、土桥据点。12、13、14日陆续攻克姚沟、五洲、蛟蚍庙等据点。3月12日，二十四军七十四师副参谋长张彬奉命率部去刘家渡勘察地形，履行军部在"4月13日之前全部

————————

[1] 朱泽.渡江战役前后党的地下斗争[J].百年潮，1999（12）：26.

廓清敌在江北据点"的战斗部署，为渡江部队扫清前进障碍。不料，张彬所部行踪为敌窥到，敌在江北暗堡用机枪疯狂扫射，张彬副参谋长不幸中弹牺牲。张彬烈士的遗体今安息在泊湖以东、凤凰山麓的青山绿水之间，时任无为县县长周骏在墓碑的铭文中写道："出生农民，参加革命，刘家渡勘测地形，以便进军，何图斯役，壮烈牺牲。"墓志铭凝聚着无为人民对在渡江战役中牺牲的革命烈士的追悼与哀思。

国共双方在无为的激烈争夺和无为全境的解放，彻底改变了无为地区革命斗争形势，使长江以北的控制区、半控制区和游击区连成一片而成为解放区，继而成为人民解放军"南渡长江，最后彻底干净、全部消灭蒋介石政权的前进基石"①。

无为县是抗日战争和解放战争时期革命斗争的中心地带，濒巢湖、扼长江，战略地位十分显要，中共中央、中央军委十分重视这一地区。1948年2月，皖西四地委、四分区和皖西第四行政专员公署（以下部分简称四专署）组建后，即决定首先在巢无地区建立无为、临江、湖东和无南4个县委、县政府。1949年2月，皖西四地委、四分区和四专署机关迁到无为县开城桥，以适应支援渡江工作。可见，无为县由于特殊的地域条件和悠久的革命传统，因而成为真正意义上的渡江作战的前哨阵地。

在渡江战役中，驻无为的渡江部队所面对的真正敌人，其实远不止在江南的国民党残余军队，还有一个很现实的客观问题，那就是汹涌澎湃的长江。自古以来，北方军队渡长江作战都会面临一定的困难。历史上曹操和苻坚的大军不可一世，却在渡江作战时惨败，这跟麾下将士为北方人，不擅长水战有一定关系。虽然1949年早已不是冷兵器时代，但横渡长江仍然有较大困难。驻无为渡江部队的指战员也是北方人占了绝大多数，既没有好水性，也缺乏实际渡江经验。驻无为的渡江部队联合在渡江前进行了特训，努力克

---

① 曹道龙.中国共产党巢湖地方史[M].合肥：安徽人民出版社，2003：352.

服不谙水性的困难。

驻无各部队要做的，简单说来就是通过短期训练，把北方人变成南方人，把陆军变成水军。渡江前一个月，驻无为渡江部队二十七军专门来到巢湖，在二十七军军长聂凤智的带领下，战士们经常只穿一条短裤，在刺骨的寒风中跳进冰冷的湖水里，不分昼夜练习游泳技术。战士们不惧寒风冷雨、风急浪高，为了真正熟悉长江的水情，躲避国民党飞机的干扰，常常趁雨夜或者大雾天气，把小船抬到长江里进行现场实战训练。第一个科目就是以营连为单位反复进行上下船动作的模拟，不断上船、下船，动作熟练以后，再做搬运武器上船的训练。正是这些看似简单的重复的训练，为一个月后将士们有条不紊地航渡打下了扎实的基础；就是因为在巢湖上不断做这些演练，使得20万华野北方兵逐渐熟悉了船上行走以及如何在船上做战术动作。此后，战士们不仅能在跳板上飞奔，还搞清了100吨的船上怎样合理放置武器，200吨的船上如何布置火力。

为了提高渡江的把握性和安全性，驻无为部队的指挥员们亲自走村串户，亲自到渔村造访有经验的渔民和船工，又把他们请到部队里来传授技能技巧。先后请了100多人来部队讲授渡江经验与知识。这些船工把驾船、观察方向、水性等内容不厌其烦地告知给战士，并跟随部队在湖面上进行实地操作。使得战士们在半个月内不仅学会了行船，更掌握了在船上射击的要领。

初春的巢湖水还是刺骨的凉，战士们坚持跟随船工练习游泳。驻无为

请有经验的船工来部队传授驾船的技能技巧

各个军都要培训 1000—2000 名游泳好手，以确保渡江作战时的需要。到 4 月初，驻无为各部队收集了 5000 余只木船，加上自制的简易汽船，已经足够运送驻无为的渡江部队。为了找到渡江的捷径，进一步加快速度，部队还专门在向导的指引下开挖了三条小运河，并且学习和实践了如何克服小运河到长江的水位差，确保行船平稳。

经过一段时间的严格训练，指战员们很快掌握了乘船过江、登陆作战的本领，昔日晕水、晕船的"旱鸭子"，变成了地地道道的"水上蛟龙"。指战员们经常风趣地互相调侃说："人民战士不怕困难，旱鸭子一定能变成水鸭子。办法是靠人想出来的，本领是靠勤练出来的。说不定等咱们过了长江，黑旋风就变成浪里白条了。"正是在人民解放军这种不怕困难、勇于进取的精神鼓舞下，无论是阴雨绵绵，还是阳光普照，战士们日日夜夜进行水上练兵。终于，在很短的时间内，部队里涌现了许多水手，他们已能基本上能驾驭船只[①]。

无为县之所以成为支援人民解放军渡江作战的一方热土，其中一个重要原因是无为具有悠久的革命传统。无为县是抗日战争时期全国 19 块抗日根据地之一——皖江抗日根据地的中心区，有着良好的群众基础。人民解放军在无为屯兵、渡江作战必然得到人民群众的大力支持。无为县党组织出色地完成了以下六个方面的工作：一是加强长江南北的交通联络，为大军渡江传递信息创造必要条件；二是建立各级情报站点，掌握敌情、水情；三是对敌进行宣传和瓦解工作；四是协助渡江先遣大队偷渡长江，侦察敌情；五是做好群众支前工作；六是配合大军渡江作战。无为地区四县能成为支援人民解放军渡江作战的一方热土，与无为地区四县各级党组织密切配合息息相关，与无为人民鼎力支持密不可分，正如陈毅元帅《纪念宁沪解放十周年》诗云：

---

① 鲍先志.雄师渡长江[M]//中国人民解放军历史资料丛书编审委员会.渡江战役.北京：解放军出版社，1995：539.

"似海似潮千百万，支援多谢好民工。"

一、扫清国民党在江北的据点，铺平渡江通道

1949年3月中旬，国民党在准备和谈的烟幕掩护下，匆匆忙忙调兵遣将，加紧长江防务。国民党军除了在南岸部署了大体量的防御体系外，还预先用一部分兵力控制了包括无为在内的长江北岸的一些据点，企图封锁长江，实施重点守备，以使人民解放军无法在长江北岸进行正常的渡江作战准备。国民党军在江北的据点大小不一，如在裕溪口布置一个师，在中江桥这类的中等据点部署一个团，还有一些小的据点，安排的兵力则为营以下一个连或一个排不等。国民党军的企图是固守大中据点，中间的若干小据点均为联络警戒之用。这样既可以加强联络，又可以达到迫使人民解放军无法过早展开战斗的目的。尽管在江北据点的国民党军队有南岸大炮和江中海军舰艇的支援，但由于是背水而战，无后路可退，因此心理负担较重，诚惶诚恐，信心不足。

驻无为的渡江各部队和无为党组织充分认识到，对江北的敌人据点必须尽早消灭，否则会影响渡江的战略展开，耽误渡江准备工作。1949年3月中旬，中央军委发出指示：目前国民党还没有谈判诚意，我军可以乘和谈尚未开始之际，迅速拔除江北钉子。3月17日，第三野战军司令员兼政委陈毅下达命令："为了控制内河入江出口，搜集准备船只，疏通河道，修筑码头，开辟渡江作战的攻击道路，各兵团必须按照划定的渡江地段，扫平江北桥头堡，歼灭守敌。"在无为的第七兵团各军负责歼灭枞阳镇、王家套、木桥之敌，并扫清沿江各小据点之敌；第九兵团第二十七军负责攻歼金河口、裕溪口、刘家渡之敌。陈毅还强调："各兵团应按指定的地点，于3月20日前

完成战斗准备，待命统一发起攻击。"①

驻无为的渡江各部队在无为地区四县党组织的配合下，在无为沿江各地的地方武装组织将散布在各地的国民党据点的番号、兵力配置、武器装备等情况逐一摸清之后，进行了周密的战前部署。第二十五军攻克雍家镇、二坝、将军庙、杨家坝，几处守敌皆被击溃，大部逃窜；第二十七军攻克荻港以北桥码头，歼灭敌守军一个连；第二十四军攻克无为牛埠西岗头据点及正南太阳洲据点，歼敌一个营及三个连的大部，迫使其残部渡江南逃。

在拔除国民党牛埠西岗头据点时，为开辟牛埠至土桥直插江南铜陵通道，二十四军侦察连组成突击小分队，沿敌据点南侧山丘攀缘，直上丘顶。稍后向敌碉堡顶部投掷手榴弹，炸得敌人晕头转向、措手不及、鬼哭狼

解放军指战员在巢湖开展战前练兵

嚎。残敌仓皇窜逃时，至东南山脚被二十四军设伏部队全歼。攻克牛埠西岗头国民党据点是一次出奇制胜的战斗，为后来攻击国民党在太阳洲据点提供了成功经验。在这次战斗中，侦察连的13名人民解放军战士光荣牺牲。

二十五军先遣小分队在突袭国民党驻二坝、杨坝据点时，根据军部"力求在运动中歼灭敌人"的指示，组成东西突击小组，布成袋形阵势，引诱敌人向北突围，然后集中火力加以聚歼。这股顽敌被堵在无为长江大堤的江滩上，作困兽犹斗，拼死抵抗，最后被全部覆灭。但是先遣小分队也有42名

①李玉.渡江战役大写真[M].北京：中共中央党校出版社，1995：137-138.

战士壮烈牺牲[①]。

至此，驻无为的渡江部队共攻克国民党江北据点 10 余处，江心洲 3 处，长江北岸的无为县已经完全处于人民解放军的掌握之中。此刻，长江南岸完全暴露在渡江部队的炮火之下，而在长江江面上担负巡逻的国民党海军舰艇在我军炮火和无南大队的监控之下也丧失了往日的狂妄。

支前民工突击铺路架桥

二、渡江支前与物资筹备

渡江作战的保障工作，除了陆地战斗所必需的后勤保障外，还需要筹备为数众多的船只和船工，并开展疏河、修路、开辟渡口（场）、引船入江等

---

① 丁以龙.岁月留痕——无为县红色遗址寻踪[M].北京：中共党史出版社，2012：185.

浩大工程，可以说任务异常艰巨。能否顺利地解决这些问题，直接关系到渡江战役成败。无为作为支援渡江战役的一方热土，四县党政组织以及广大人民群众不惜一切人力物力，全身心地投入支前工作中去。在皖西四地委直接组织筹划下，无为地区四县都组成了以地方党政机关为主、有军队后勤部门参加的一元化领导的各级渡江支前指挥部。广大人民群众不分男女老幼，都以极大的热情投入支前运动中。他们夜以继日地碾米磨面、筹集粮草、赶制军鞋、抢修船只、铺路架桥、开渠疏河、运送弹药，掀起了规模宏大的支前热潮。根据皖西四分区支前司令部统计，在党和政府及广大群众的全力支持下，在无为县境内仅短短两个月就筹集到船只 3400 条，动员船工 5000 余名，征集粮食 2000 万斤以及数量充足的油、盐、蔬菜、燃料、马料等，动员上万名民工、20 多个地方民兵组织随军参战，另有 20 万余名民工运粮食、修路；先后协同筑路工程队修建主要公路干线 340 公里，架设桥梁 20 余座，挖河疏渠 100 余公里，捐献数万根电线杆，构成了良好的通信网络，还设立了数十个大大小小的兵站、粮站、船厂及临时医院等。[①] 在无为人民的热情帮助下，无为各地仅有的医务人员和卫生设备、卫生设施全部投入支前。枪炮声就是命令，人民群众不顾个人安危自觉地投入抢救伤员、转运伤员的战斗中，充分显示出人民战争的强大威力。

　　吴昌木是无为县浩浩荡荡的支前大军中的一员，他在支前途中写下了一首诗歌，留下了无为人民配合渡江作战、送粮支前的宝贵史料："我从荻港上，沿途把敌追。只到老虎头，奉命又返回。仍回区粮站（虹桥区支前粮站），粮草紧支援。任务结束后，军粮全盘点。"这里的"老虎头"和"虹桥区"是吴昌木支前送粮的起止点，节选的这段诗歌虽然只有 8 句，但栩栩如生地再现了无为人民鼎力支援大军渡江的紧张场面，展现了无为县战勤工作对渡江部队的全力配合。

---

① 曹道龙.中国共产党巢湖地方史[M].合肥：安徽人民出版社，2003：359-360.

在无为县这块热土上，无为人民构建了庞大的后勤供应及运输网络，完全达到了"要人有人，要船有船，要粮有粮"的要求。[①]

人民解放军渡江部队进驻无为之后，重见天日的无为人民怀着无比喜悦的心情夹道欢迎人民子弟兵。他们箪食壶浆，积极充当向导，为解放军传递情报，抢修被国民党溃兵南逃时破坏掉的桥梁、堤坝和道路，帮助渡江部队解决后勤供应困难问题，为部队屯军驻守、取得渡江战役的全胜提供了坚实可靠的保证。无为的一方热土让驻无部队真正感受到了人民群众的关怀与温暖。

三、开展技战术训练，作好战前准备

在渡江战役之前，在无为的渡江部队有效地克服了骄傲轻敌的心理，进行了卓有成效的准备。针对国民党军的长江防线，驻无为部队在无为人民真心实意、细致入微的帮助下，实施了大规模的战役战术侦察，开展了有重点的技战术训练，并大力筹措战备物资，提高了后勤保障能力。

一是进行大规模战役战术侦察。早在渡江部队还未发起攻击前，军民合作侦察小组就潜入江南进行战术侦察，并和江南地下党组织共同收集情报。如张力化获取国民党第66军185团江心洲防御图，以及东西梁山国民党第13号防御工事图和裕溪口等地江面布置图；程效安绘制当涂、芜湖、繁昌一带敌军沿江工事简要示意图；汤德性搜集到驻芜20军江防阵地示意图；钱旭东侦察绘制出一份88军繁昌江防阵地示意图。战前缜密的侦察工作无疑是渡江战役胜利的坚实基础，及时而准确的情报对战局至关重要，而人民群众在传递这些情报的过程中发挥的作用尤为突出。年仅23岁的姑娘吴赛兰，不顾生命危险，接过传送情报的特殊任务。过江时，吴赛兰被国民党巡江船

---

① 古月.渡江战役中的聂凤智与二十七军[J].党史纵览，2009（5）：12.

发现，所乘坐的渡船被炮弹击中炸裂。吴赛兰凭借无比坚定的信念，迅速抓住散落在江面上的一块木板，任凭浊浪冲击，在水中漂流，在浑浊的江水中整整浸泡了一夜而昏厥，最终被无为渔民在近岸的沙滩上找到。为了及时送达情报，她坚持让村民用担架抬她到驻在汤沟的二十五军军部，亲手将情报交给了四分区联络部部长顾训芳，出色地完成了神圣的使命①。

通过军民合作，侦察工作取得显著成效。军民共同侦破了国民党海军与陆军完备的联络暗号、旗语和灯语等，并掌握了敌军的军事部署，选准了突破口，找准了登陆点，使渡江战役按照预定作战方案顺利展开。

二是开展了有重点的技战术训练。学游泳是渡江解放军战士的攻坚战，是摆在每个战士面前的一大难题。为了渡江以及渡江以后在江南水乡作战，战士必须懂得水性、学会游泳。早春气温仍然较低，在无为的河塘沟汊到处都是学游泳的战士，战士们一个个脱下棉衣，跳入水中。他们大多是来自鲁西南和豫东平原的人民子弟兵，下水时战战兢兢，无为沿江一带群众手把手教他们。当地村民想方设法帮助战士们用竹子制作"三脚架"，然后让战士们匍匐在三脚架上练习游泳。船工、渔民还为渡江战士介绍了长江水情特点，同时与练习泅水的战士保持近距离接触，防止他们发生意外。由于发挥了军与民两方的积极性，解放军战士的技战术得到大幅提高。

三是筹措了大量渡船。国民党军队窜逃江南时，江面上船只或被其掳掠，或被其破沉。解决渡江船只又是一大难题。人民解放军在皖中各级地方政府和人民群众的支援和帮助下，在巢湖周边各村镇征集到了500多条木船。为了将这些船只运抵长江边渡口，军民一道采用疏河堵坝的办法，开掘多条由巢湖至无为的通航渠道，以此将船只完好无损地运抵江边。第二十七军的疏河堵坝工程是从3月12日开始的。那是一项异常艰巨的任务，因为

---

① 中共芜湖市委党史和地方志研究室.纪念渡江战役胜利70周年研讨会文集（内部刊物）[C].2019：165.

他们不得不在寒气依旧逼人的天气里手挖肩扛。更加艰苦的是在执行野外作业的时候，因为此时的长江沿岸多雨，军民们经常被雨水淋得透湿，还要时时防范国民党空军飞机的袭扰。尽管如此，军民一起依然干得热火朝天。聂凤智、刘浩天等二十七军首长们与战士们同吃、同住、同劳动，使战士们备受鼓舞。为了圆满完成任务，无论生活多么艰苦、任务多么艰巨，没有一个人叫苦叫累。

在军民共同努力下，短短20多天里，二十七军就挖河疏渠100多公里，开坝堵坝19处，抢修公路500多公里，完成渡船出江口4处。等到3月底，500多条木船按照预定计划驶进长江岸边隐蔽起来。二十七军政治部还对随船而来的1500名船工进行形势教育和立功受奖教育，使船工们很快提高了阶级觉悟，对运送人民解放军过江充满信心。此外，

船工将船只隐蔽在江边小河内

二十七军各部还协同无为县各级党和政府研究制定了船工伤亡优抚条例和船工家属补助办法，以及船只损坏赔偿办法等，充分调动了广大船工及其家属的积极性①。

---

① 武国友.红流纪事·百万雄师下江南·渡江战役[M].长春：吉林文史出版社，2001：48.

四、木船渡江创奇迹

人民解放军第七、第九兵团以破竹之势首先突破了国民党反动派苦心经营三个半月的自以为固若金汤的繁昌长江防线。那么，人民解放军究竟是凭借什么方式渡过长江的呢？说来可能匪夷所思，但事实的确如此，中集团军横渡长江靠的不是飞机，也不是军舰，而是一艘艘大小不一的木帆船，是顶着枪林弹雨用桨划过去的。在扬起"渡江第一帆"的无为县泥汊镇神塘河渡口，渡江第一梯队创造了"半帆待命"的战术，仅用半个多小时，就渡过了激流汹涌的长江。"半帆待命"的倡导者是泥汊镇船工叶世春。渡江前夕，二十七军军部邀请参战水手商讨航渡事宜，船工叶世春结合自己多年的行船实践，提出：驶船升帆最费时间，战时时间紧迫，半点耽误不得，如果此时又是黑灯瞎火，帆绳一乱，那就麻烦大了。如果渡江之前就升半帆待命那就事半功倍了。叶世春"半帆待命"提议得到二十七军贺敏学参谋长的赞同。渡江作战命令下达前夕，渡江突击船只升起半帆，隐蔽在神塘河渡口两侧的天河内。当年这里长满了两米多高的芦苇，待夜幕为渡江勇士们披上伪装后，一声令下，船队呼啸而出，冲向江南。在众多护送大军突击渡江的木船中，许多是夫妻船、兄弟船、母子船、家族船。扬帆前，每条船都拿到一张"身份证"：一张香烟盒大小的油纸，上面写着姓名、住地。"身份证"随身携带，不怕浸水，其实是做好牺牲准备，方便组织寻找。

4 月 20 日 18 时起，人民解放军炮兵对江南敌人的工事、

突击部队跃出船头，迅猛登陆

弹药库、灯塔等重要目标进行了大力摧毁。击出的炮弹命中目标，长江南岸顿时被浓浓的烟雾所笼罩，这使敌人产生了巨大的畏惧心理。此刻，人民解放军的渡江作战部队备受鼓舞。20时，在夜幕的掩护下，江边待命的大小船只像离弦之箭，直向江南疾驶，中集团军突击船队的突击战斗开始了。夜幕中，数百里的江面上，数千只木船竞渡，争当渡江第一船。一颗颗炮弹在国民党军探照灯的光柱闪动之下袭来，击起根根水柱。从江北望去，仿佛每只突击船后挂着一盏火红的指示灯，伴随着天空飘下的绵绵细雨，使原本迷蒙的江面显得更加昏暗。众多大大小小的船只，满载着荷枪实弹的人民解放军战士，铺天盖地，如箭一般向对岸飞驰而去，令南岸的敌军毛骨悚然、手足无措。这样古今中外从未有过的渡江场面可谓宏伟壮观、激动人心。

无为的各级渡江支前组织

渡江战役的支前工作大体分为三个阶段。第一阶段：自江北各地解放至1949年2月，慰问供应驻军和抢修道路桥梁、架设电线等基础设施，为交通、通信的畅通创造条件。第二阶段：3月至4月20日，为支前工作最紧张阶段，对民工进行集训，筹借、征借大量粮食、船只，转运大批军用物资。第三阶段：从4月21日至渡江战役结束，支前

在蚌埠孙家圩子的渡江总前委旧址

机构、支前民工随军行动，为支前工作最艰苦阶段。人民战争靠人民支持。渡江战役能够迅速取得辉煌胜利，和千千万万人民群众的无私奉献密不可分，也与组建一个渡江支前的坚强领导班子大有关联。[①]

安徽是渡江战役的主战场之一。在渡江作战准备之时，安徽长江以北已经解放的地区，分别属于中共中央江淮区委、中共中央中原局豫皖苏分局和皖西区委领导。为了统一领导安徽江北地区和即将解放的江南地区，适应人民解放军南下的支前工作，华东局决定，成立中共安徽省委、安徽省人民政府和安徽省军区。1949年1月下旬，中共安徽省委在合肥成立，在筹建工作机构的同时，渡江战役的支前工作成为其工作重点。3月28日，在合肥主持安徽省党政军工作的宋任穷、曾希圣赶到蚌埠孙家圩子，向华东局汇报安徽支前工作中存在的困难和出现的问题。随后，第三野战军向中央军委报告："在合肥、巢（县）、无（为）方面，人民出粮供应亦很积极，船工亦听调参加演习。"[②]对安徽人民尤其是无为人民踊跃参加支前工作给予了充分肯定。

一、中共皖西第四地方委员会及政、军组织的成立

1948年初，根据中共中央发出的将革命进行到底的指示，为进一步巩固和发展新区，建立革命根据地，中共皖西区委（时驻岳西县汤池镇，1949年1月迁入六安城）决定，建立中共皖西第四地方委员会，领导庐江、无为、巢县、肥东、含山、和县地区党的工作，以适应这一战略任务的实施。为此，2月，区委副书记桂林栖抵达无为地区，于无为县响山上庄院子召集各县区（营）级以上党、政、军组织负责人会议，宣布了区委关于建立皖西四

---

① 蔡长雁，施昌旺.渡江战役史[M].合肥：安徽大学出版社，2010：128.

② 江苏省档案馆，安徽省档案馆.渡江战役[M].北京：档案出版社，1989：62.

地委的决定，部署了进一步发动群众，实行土地改革，广泛开展游击战争的任务。随即，正式成立了皖西四地委以及皖西第四行政专员公署和皖西第四军分区①，皖西四地委成立后，为适应游击战争环境的需要，先后对各县的工作区域做了调整：将无为仍按抗日战争时期抗日根据地内所确定的行政区域划为无为（包括巢南山区）、临江、湖东、无南四个县，各县成立县委或工委，并成立了巢县、含山县委与肥东工委（后改为肥东县委）；原坚持在巢（县）北活动的全（椒）合（肥）工委和原属华东局国区部南下干部队领导的和（县）含（山）工委以及原属皖西二地委领导的湖西县委亦先后划归四地委管辖。此外，1949 年 2 月初，经皖西区委决定，以合肥西乡三河一带为中心，设立三河县委（不久改为三河市委），由四地委领导。四地委机关先后驻巢（县）无（为）地区的上庄院子、姥山湾、柯家竹园等地。同年 2 月，为靠近领导支援大军渡江工作，迁驻无为县开城桥。

四地委成立后，积极贯彻执行中共皖西区委确定的工作方针，领导各县组织游击队采取或集中力量，或化整为零，或隐蔽待命的方式，扎根乡村，联系和发动广大群众，组织各种群众组织，并有计划地在较巩固的地区实行土地改革，使越来越多的贫苦农民和各阶层人士了解中国共产党的主张和政策，参加和支援敌后游击战争。粉碎了国民党部队对巢（县）无（为）庐（江）地区的连续疯狂的"清剿"，巩固了革命根据地。同时，由于充分发动了群众，扩大了财源，筹集到大批粮款，有力地支援了大别山区党和人民解放军。此外，根据上级部署，四地委还进一步加强了党的秘密工作，在芜

---

① 1949 年 2 月，中共皖西区委、皖西军区奉中共中央关于为在全国范围内识别各分区，应按地域规定番号的指示，特重新规定了皖西各分区的番号，皖西四分区称为巢湖分区。因此，皖西四地委亦相应对外称巢湖地委，同时，因地委机关驻无为县开城桥，亦称无为地委。1949 年 4 月，皖西区委撤销，四地委改属新成立的中共皖北区委领导后，又称皖北四地委。

湖建立了地下秘密电台，在黄麓师范学校等地建立了地下交通点，为上级党及时了解长江沿线敌军动态提供了许多重要情报；还成功地接应了沪、杭、苏、宁等国民党统治区内数百名因开展民主运动暴露

在无为开城桥的皖西四地委、四分区、四专署机关旧址（时驻地房舍前后共七进，占地面积500平方米）

身份的大专院校共产党员、党的干部和优秀青年学生进入根据地，或护送至大别山区参加党的工作，为党保留了一大批骨干力量。这些极大地增强了革命斗争实力，使革命斗争由大别山区逐步向长江沿岸推进，国民党区乡反动政权纷纷瓦解，从而造成了威逼江南的有利形势。①

当革命斗争高潮迅速兴起之时，党组织的建设和发展成为至关重要的问题。1948年冬，根据皖西区委的统一部署，四地委在无为开城桥本部组织领导全地区党员干部开展反"三无"（即无组织、无纪律、无政府观念）学习。1949年春，开展了以"三查"（即查思想、查工作、查作风）为主要内容的整党工作：查思想上的功臣观念、享受观

中共皖西四地委印发的《三查三整运动参考文件》

---

① 程祥林.中国共产党安徽省巢湖地区组织史资料[M].合肥：安徽人民出版社，1993：195–197.

念及各种形式的个人主义表现，查工作上在执行党的指示、决议、政策中出现的"左"的倾向，查作风上的宗派主义、自由主义以及粗枝大叶、计划性不详等弊端。在整党的同时，对新四军第七师北撤以后"自首"和"脱节"的党员干部，根据中央规定，分别做了审慎处理，区别对待。同时，为提高广大干部的政治素质，为支援大军渡江准备合格干部，四地委又于开城桥丁家牌楼举办"皖西四地委干校"，校长赵梦明、教育长顾训芳。干部结业以后，都被分配至四分区所辖六县一市参加支援大军渡江工作。

通过学习和参加整党，广大党员干部清除了各种非无产阶级思想，增强了党性和组织观念，坚定了革命意志，从而为战胜敌后斗争环境中的各种困难，迎接革命斗争高潮的到来奠定了重要的思想基础。1949年初，四地委还针对全区各地特别是无为四县许多曾经是党员、干部的人员，因各种原因向敌特机关办过自首，限于环境一时难以对他们考察鉴定，又面临革命形势发展，大军渡江迫切需要大批党员、干部的客观情况，决定对他们中仍有革命要求的人员，组成党的同情组织，在各级党组织领导下参加工作，经考察合格的准予重新入党。同时决定建党工作要以新发展为主，即在斗争中发现和培养大批优秀骨干，吸收他们加入党的队伍。此外，四地委还向上级党请求支援，从南下干部中调来300多名党员、干部分配到县、区、乡工作，直接为支援大军渡江发挥才干。至1949年5月，四地委所属26个区、2个直属镇均建立了区（镇）委；173个乡中建立了29个乡支部。党员由1948年春的160多名发展到952名，并有乡以上干部1732名，为支援大军渡江奠定了坚实的组织基础。

党的基层组织的建立和党员、干部队伍的发展壮大，为夺取无为地区四县革命斗争的胜利，迎接全国解放，建设新生的革命政权创造了重要条件。1949年春，在继续做好整党，实行土地改革，发动广大群众参军参战的同时，四地委按照上级党委的部署，把工作重心放到支援人民解放军渡江战役上来。一方面，发动全区广大翻身农民，组织了数万人的担架、运输团

（队），征集了大量船只和物资支援前线；另一方面，进一步加强了敌军工作和敌后情报工作，配合华东局国区部芜湖工作组成功策动了国民党江防部队 110 师起义，接应和转送该部加入人民解放军，从而为人民解放军渡江中集团部队由无为渡江，首先突破国民党军队的长江防线，夺取渡江战役的伟大胜利做出了巨大贡献。[①]

中共皖西四地委组成人员：书记，先后是唐晓光、陆学斌；副书记宋尔廉；组织部部长，先后是李延泽、张世荣；宣传部部长林采；联络部部长顾训芳。

与皖西四地委同时成立的皖西第四行政专员公署，"以筹集粮、款，支援敌后游击战争作为政府工作的中心任务。为此，在皖西四地委的统一领导下，四专署相应地制定和颁布了一些政策法令，在较为巩固的根据地内推行改造旧区、乡、保政权，建立民主政权，发动群众开展土地改革；在游击区则推行二五减租，废除高利贷等。通过这些措施，保护了广大贫雇农的利益，启发了他们的阶级觉悟"[②]。四专署成立初期，因游击战争环境，机关在无为严桥一带活动。1949 年 2 月迁驻开城桥本部以后，随着解放战争形势的胜利发展，四专署根据上级指示，以整理财政、恢复工商、支援前线为中心任务。具体承担了组织大批人力和船舶、粮食等物资支援渡江战役的工作。四专署组成人员是：专员赵孟明、副专员陈力生、秘书郭鲁夫、粮食科科长朱叔华、工商局局长刘碧波。

1949 年 3 月初，四专署发出《关于支前工作的紧急指示》，对支前几项中心工作做出具体分配，并要求各县党政军机构组织全力按期完成。一是

---

① 程祥林.中国共产党安徽省巢湖地区组织史资料[M].合肥：安徽人民出版社，1993：197.

② 程祥林.中国共产党安徽省巢湖地区组织史资料[M].合肥：安徽人民出版社，1993：199.

粮草准备。四专署要求各县以乡为单位普遍建立粮站,在交通要道需做充分准备,所屯集的粮食按照专署分配任务的数目限期集中;柴草应按收数全部集中,依托粮站,以几千斤、几万斤存集存放;加强粮草站机构力量,派出得力干部负责。各县需设置机动人员,以应特殊情况之急需。二是船舶的准备。立即将各级船舶管理机关负责人及机关办公室地址登记造册,船只编制分等,船上人员的津贴一律以供给标准发放,船只编号控制,实行军事管理;对水上和陆上的在册水手一律施行军事管理,由各县自行训练;各县按规定上调分区训练的水手,由四分区船舶管理处负责训练;训练内容包括水上方向识别、船只队形、互相联络等;民夫担架以各乡为单位编成中队,组织起来,随用随到,并派得力干部负责。三是公路建筑。无南县负责修通开城至襄安、襄安至无南公路;无为县负责修通无为至巢县公路;湖东县负责修通襄安至庐江公路;湖西县负责修通庐江至金牛公路;三河县负责修通三河至金牛公路;公路普遍要求一丈宽,并需将桥梁圩埂调查修理补整。四是查清沿江及江防情况,责成临江、无南、湖东、五区各指派专人负责了解并调查船只隐蔽场所,掌握敌情变化,每天需向四专署报告一次。

《紧急指示》还要求各级党委、政府、渡江支前指挥机构充分认识粮草、船舶、公路建筑的重要性,发挥最大的工作热情,不怕困难,动员一切力量,百分之百地完成任务。《紧急指示》指出,必须严明纪律,在一切为着支援大军渡江胜利的总方针下组织起来,如有推卸责任、抗拒任务、拖延时间者,一律以军纪制裁。

《紧急指示》对支援大军的任务分派明确、分解细致妥当,为各级渡江支前机构指明了方向,保证了支前工作的顺利推进。

四分区伴随四专署同时成立,领导各县地方武装广泛开展游击斗争,战胜了国民党军队的多次"清剿",逐步建立了以无为为中心的革命根据地。至1949年2月,消灭了无为境内的国民党残余势力,实现了全地区的解放。四分区机关主要活动在无为地区,1949年2月,因担负支援大军渡江任务,机关迁驻无为县开城桥。

四分区自成立的那一天起，就开始谋划为大军渡江做先期准备。1946年6月，四分区联络部委派程效安到芜湖建立地下情报站，交给他的第一个接头关系就是朱子帆夫妇。家住芜湖牛奶坊18号的国民党中央立法委员、安徽省党部秘书长朱子帆（无为县仓头镇人）自大革命以来与中共有着长期的秘密联系，成为中共芜湖地下组织与各界民主人士联系的桥梁。经朱子帆介绍，程效安结识了民盟芜湖分部委员詹云青（安徽学院经济系教授）和俞锡恩（芜湖市长春小学校长），在他们的广泛联络下，民盟、农工民主党在1948年合并，在芜湖市下二街实业银行秘密成立中国农工民主党芜湖市临时工作委员会，按照四分区联络部的指示，为迎接大军渡江做宣传、统战、策反、情报搜集等工作。[①] 为配合人民解放军渡江作战，四分区责成程效安在芜湖建立皖西军区情报站，情报站设在安澜中学（今芜湖市第二中学本部）内，下设三个联络点：一是吉和街夏万顺饭店，二是永平里7号钱旭东家，三是中二街大刚书店。交通员以单线联络为主，接头的方式和地点灵活多变。其间，许多重要的军事情报都是通过皖西军区情报站及时送达驻江北无为的人民解放军第二十五军军部，尤其是获得了《保卫大上海作战计划》绝密原件的重要情报，曾受到第三野战军粟裕副司令员的嘉奖。

皖西军区情报站地下电台的设置也是一波三折。为了尽快建立地下电台，配合大军渡江行动，情报站负责人程效安请朱子帆、刘格非出面反复做掌握一部日式电台的国民党皖南青年救国团芜湖分团负责人储文朗的工作，说明中共"既往不咎、立功受奖"等政策，使其放下了沉重的思想包袱，献出了电台。四分区联络部部长顾训芳亲自为电台编制了密码，并派人赶赴芜湖检测配件，接通了电台。大军渡江前夕，电台每天收发报4次。为防止

---

① 中共芜湖市委党史和地方志研究室.重返烽火岁月·再现渡江精神（内部刊物）[M].2019：35.

国民党军警、特务发现这部电台，经常变换石英晶体谐振器，改变波长和频率，变换联络时间和地点，一直秘密为大军渡江服务，直至繁昌、芜湖解放。

1949年1月21日，四军区派遣精干部队四面逼近无城，国民党无为县常备队闻讯仓皇撤离，企图渡江南逃，途经泥汊时被无南大队拦截，全部就范。至此，无城宣告解放。23日，胡治平、陈仲平、汪子云等人作为无为县人民政府的代表接管无城，并于当日召开了无城各界人士座谈会。四地委组织部部长张世荣，无为县委书记杨杰、副书记朱合喜与会并讲话。他们着重分析了中国人民解放事业的大好形势，动员人民群众支援大军过江，打过长江去，解放全中国。

四分区组成人员：司令员吴万银（1948年4月牺牲），政委先后是唐晓光、陆学斌；副司令员先后是张义成、彭光福，副政委宋尔廉，参谋长陈雷，联络部部长顾训芳，组织科科长杨毅，供给处处长任朝友。

1949年初，根据党中央的伟大战略部署，"向长江以南进军"成为党的中心任务。为配合已全面开始的渡江战役准备工作，四地委与四专署、四分区联合组成党政军合一的支前司令部，机关驻地无为县开城桥，全力以赴组织和领导全区的渡江支前工作。同年5月，渡江支前工作结束以后，支前司令部遂奉命撤销。

支前司令部组成人员[1]：司令员夏戎，政委陆学斌，第一副司令员赵孟明，第二副司令员彭光福，政治部主任张世荣、副主任杨杰，民力部部长张世荣，船舶部部长陈力生。

此外，在支前司令部领导班子以下，成立具体的办事机构，有：行政科，科长胡亦平；组训科，科长吴耘；工程科，科长彭石华。这是为最大限

---

[1] 程祥林.中国共产党安徽省巢湖地区组织史资料[M].合肥：安徽人民出版社，1993：200.

度地动员广大干部群众支援大军渡江而设立的机构，在渡江支前工作中起到了引领、组织和保障作用。

四分区支前司令部成立当月，即 2 月 19 日于开城桥本部发布联合命令，对支前工作做出紧急指示："为集中全力支援大军渡江，完成光荣伟大任务，各县党政军机构组织全力按期完成支前工作。"

1949 年 3 月 5 日，支前司令部政治部发出政工指示，号召全区党员、干部：1. 服从命令听指挥，在分区支前司令部或县区支前指挥部领导下，勇敢地参加各种战勤工作，干部党员要起带头作用。2. 克服一切困难，放弃个人一切要求，发扬为人民服务，牺牲个人暂时的一切利益，服从整个利益的优良传统。3. 支前中为人民立功做模范，反对怕渡江的家乡观念。在光荣伟大的支前任务下，一致团结起来，不怕牺牲，不怕困难，坚决完成任务，获得人民功臣的荣誉。4. 反对贪污浪费，提倡劳动生产，节约人力物力，起粮草不用民夫，必要时帮助群众生产。

指示在全区广大党员干部中引起巨大反响，经过学习动员、组织讨论、发动表态，纠正了各种不良的倾向，为渡江作战营造了支前光荣的氛围。

3 月 12 日，四分区支前司令部发布《动员广大群众积极迅速缴纳公粮公草和出夫支前的宣传大纲》，号召后方人民不断以人力、物力、财力支持前方，并且针对群众中存在的思想顾虑，提出了消除七种顾虑的具体措施，"除从正面说明外，主要的是提高思想觉悟，要针对各种具体情况进行不同的宣传和教育"。在对待群众利益时，"更不可只顾临时生效，而采取欺骗和半欺骗的方法。要严正的通过支前开展广大群众的立功运动，坚决完成

皖西巢湖分区支前司令部
政治部政工指示

大军渡江解放江南的支援任务"。同时，支前司令部还发布命令："为适应整个支前工作的需要，及时的、统一的供应部队船只，决定成立东线船舶指挥所，并委任陈化群（无南县行政办事处主任）同志任指挥长。该指挥所之特权，统一调动、使用临江、无为、无南三县船舶管理科之一切船只，并有权调动上述三县民工与一切器材、修整沿江一带工程。"体现出四分区支前司令部的组织领导作用。

3月20日，四分区支前司令部为解决支援大军渡江出现的财政困难，制定了三项具体规定。无为地区四县执行了三项规定以后，既解决了部队的实际需要，又节省了物力、财力。三项规定体现了四分区支前司令部制定的渡江支前各种政策的实用性和可操作性。

3月21日，四分区支前司令部就征粮工作发给各级支前指挥部一封信，要求各级指挥部立即纠正在动员口号方面的错误。"一些同志的错误口号会使军民关系分离、政民关系疏远，长此下去，必然造成长期支前的严重困难局面，必须保持战争观念与群众观念的一致性；必须彻底转变工作作风，发扬集体领导精神，对派到各乡的政治干部注意培养其威信，发挥其作用，并责成他们掌握政策，在政治上切实负起责任。"指示信号召各级支前指挥部以最大的革命毅力将所有的偏向纠正过来，又以最大的决心将工作作风转变过来，这是因为，在渡江支前运动中，"无数群众在瞻望着我们，更重大的新的革命任务在要求着我们"。

3月25日，四分区支前司令部船舶部于开城、高沟两地分别举行两期地方水手训练班，对地方水手进行模拟渡江示范训练。训练内容包括水上方向识别、船只队形、互相联络等。训练班结束以后，船舶部在地方水手中择优组建了一支由其直接掌握的100余人的水手中队，陈继凡任水手中队队长。

4月8日，第二十七军司令部政治部与四分区支前司令部发出《关于渡江战役器材工作的联合通知》。鉴于各级渡江支前机构因事先对器材工作未能有计划、有组织地筹备，以及缺乏渡江作战器材准备工作经验，致使筹备素乱、计划多变，造成不必要浪费，使政府无法及时完成任务，《联合通知》对战斗器材、南进道路浮桥器材、部队所需之作业器材以及船只上所需器材做出了明确、具体的筹措任务的划分，同时也对筹措区域做出具体规定，使得各级支前机构在筹措渡江器材时心中有数、有的放矢，真正发挥渡江器材的利用率，杜绝了浪费现象。

4月26日，皖西巢湖分区（皖西四分区改称）支前司令部发出《关于对支援大军渡江船工救济抚恤等工作的指示》，要求各地对"船舶接收、船工救济抚恤、船只修理赔偿"等善后工作立即写出报告材料，并指示："借用民间之木料、棉絮、毛竹、麻袋、麻绳等，按主观力量及其家庭情况酌量赔偿。"体现出党和政府始终把群众利益放在心上。

二、无为地区四县的渡江支前指挥部

无为地区四县的渡江支前指挥部在"一切为了支援大军渡江作战，一切为了夺取渡江战役胜利"的口号鼓舞下，全力以赴支援渡江战役前线，为取得渡江战役胜利做出了重大贡献。无为地区四县渡江支前指挥部既承担筹措粮草、保障军需的任务，又负责组织民工、船工随军出征，在支前运动中书写了光辉的一页。

1.临江县渡江支前指挥部

该指挥部成立于1949年2月，隶属四分区支前司令部，指挥部设在三官殿镇，内设工作机构4个，辖区级渡江支前指挥所5个、乡级渡江支前大队33个。全县参加渡江船工1127人，有881人立功受奖。同年5月，该指挥部及所属组织一并撤销。①

---

① 冯显忠.中国共产党安徽省无为县组织史资料[M].合肥：安徽人民出版社，1993：71.

临江县渡江支前指挥部组成人员：指挥长陈汉桢，副指挥长李万春，政委雷文，副政委李文彬，政治处主任江风，秘书慕世友。

指挥部下辖4个工作机构：财粮科，科长朱觉民、副科长倪建平；船舶科，科长齐天寿、副科长王降普；民力科，科长王希云；交通科，科长杨在仁。

指挥部下辖5个区级渡江支前指挥所，由所属各区区长兼任支前指挥所所长，区委书记兼任教导员。

临江县水手凌文强的"参战渡江光荣证"

白苧区渡江支前指挥所：所长阎玉山，副所长邵荣华，区干队队长倪昌玉。下辖洋桥、六洲、义圩、浃南、浃北、永固、三官殿7个乡级渡江支前大队。

汤沟区渡江支前指挥所：所长熊济众，副所长先后是邹云山、王本卿、许有国、袁乃轩，教导员陈效东，副教导员潘友春，区干队队长夏学银，指导员陈兴树。下辖姚王、提树、板桥、二临、新五中、楼梯、汤沟镇7个乡级渡江支前大队。

陡沟区渡江支前指挥所：所长先后是方一清、王晨、耿秀峰，副所长先后是杨动民、黄昌培，教导员吴挺，区干队队长胡宪满。下辖贵山、港河、陡沟、河坝、藕塘、宋庙6个乡级渡江支前大队。

田桥区渡江支前指挥所：所长王青，副所长先后是蒋华、滕雨阳，教导员沙德轩，副教导员杨文治，区干队队长叶培，副队长夏德泉。下辖西七、海口、田桥、大马、永丰、庙赵、东长、黄墩 8 个乡级渡江支前大队。

流泗区渡江支前指挥所：所长方一清，教导员王亦耕，区干队队长鲁世金。下辖赵坝、姚湾、程桥、张桥、三元 5 个乡级渡江支前大队。

临江县及其所属各级渡江支前组织成立以后，立即投入轰轰烈烈的渡江支前运动中。全县人民在支前运动中情绪饱满，全力以赴，1949 年 2 月 15 日召开了全县民工检阅大会。与会民工控诉了国民党反动派压迫之苦，一致表示决心支援解放军打到江南去。出征民工集体保证：支前就要立功，一人立功，全家光荣。全县掀起了群众性的支前热潮。

1949 年 2 月下旬，中共临江县委书记雷文、临江办事主任陈汉桢通过强有力的统战工作，加强了与在繁昌鲁港国民党 282 师师长张奇的联系。通过与张奇部属叶维清的秘密接触，商定有关反正事宜，经报请中共中原局批准，张奇毅然率部起义。临江县渡江支前指挥部经过周密安排，组织策应起义队伍，使得 282 师起义队伍顺利登岸。

渡江前夕，临江县渡江支前指挥部组织沿江一带的渔民、船工到二十五军驻地，为指战员讲水性以及长江水流特点、帆船如何利用风向、遇到危险如何处置，等等。临江县渡江支前指挥部还组织水手帮助部队开展水上练兵，以增强部队渡过长江的信心。

2. 湖东县渡江支前指挥部

1949 年 1 月，中共湖东县委、县政府的主要工作是组织力量支援中国人民解放军渡江作战。2 月，根据四分区支前司令部命令，湖东县委、县政府联合成立渡江支前指挥部，担负支援大军渡江的任务。支前指挥部驻蜀山镇，内设工作机构 4 个，辖 5 个区级渡江支前指挥所、27 个乡级渡江支前大队。全县参加渡江作战水手共 848 人，其中 470 人立功受奖。同年 5 月，湖东县渡江支前指挥部及所属组织一并撤销。[①]

湖东县渡江支前指挥部组成人员：指挥长朱晞，第一副指挥长宋涛，第二副指挥长夏云，政委王子轩，副政委刘建新，政治处主任郑重，秘书蒋伯举。

指挥部下辖 4 个工作机构：财粮科，科长夏云（兼）；船舶科，科长刘建新（兼）；民力科，科长郑重（兼）；交通科，科长利川。

指挥部下辖 5 个区级渡江支前指挥所，由所属各区区长兼任渡江支前指挥所所长，区委书记兼任教导员。

尚礼区渡江支前指挥所：所长胡德民，教导员陈祝，副教导员包景尧，区干队队长胡德民。下辖惠峰、尚礼、明塘、湖塘、六峰、保胜 6 个乡级渡江支前大队。

关河区渡江支前指挥所：所长朱克轩，副所长魏仲明（兼），教导员

湖东县渡江支前指挥部在蜀山羊山嘴自然村的旧址

---

① 冯显忠.中国共产党安徽省无为县组织史资料[M].合肥：安徽人民出版社，1993：76.

孙光目，副教导员刘永祥，区干队队长魏明开。下辖民主、关河、黄姑、天井、双泉、白湖6个乡级渡江支前大队。

临泉区渡江支前指挥所：所长朱永川，教导员沈良高，副教导员王亨昌，区干队队长周俊才。下辖得胜、开南、建国、临泉4个乡级渡江支前大队。

五区（湖陇）渡江支前指挥所：所长戴炳南，副所长孙俊如，教导员湛先余（余斌），区干队队长王政。下辖青岗、练溪、大有、洪巷、湖陇、鹤毛、刘渡7个乡级渡江支前大队。

昆山区渡江支前指挥所：所长刘镕（胡先民），副所长马干章，教导员古勃，区干队队长马达。下辖汪田、砖桥、牛埠、昆山4个乡级渡江支前大队。

在渡江支前运动中，湖东县渡江支前指挥部动员全县广大人民群众，掀起了规模空前的支前热潮，指挥部通过动员、教育、全面发动、前线服务、渡江参战等工作，为支援大军渡江做出了应有贡献。

为保证支前物资畅通无阻，湖东县渡江支前指挥部放手发动群众，抢建战时简易公路，开凿了襄安至庐江段公路，并将公路面拓宽为1.2丈，以保证重型卡车、炮车顺利抵达江北岸线。

3. 无为县渡江支前指挥部

1949年2月，为适应渡江战役需要，根据四分区支前司令部命令，无为及其所属各区、乡均相应成立渡江支前组织。同年3月，无为县渡江支前指挥部由严桥进驻石涧镇，指挥部内设工作机构6个，辖4个区级渡江支前指挥所、30个乡（镇）渡江支前大队。全县参加渡江520人，立功受奖257人。5月，无为县渡江支前指挥部及所属渡江支前组织一并撤销。①

---

① 冯显忠.中国共产党安徽省无为县组织史资料[M].合肥：安徽人民出版社，1993：67-68.

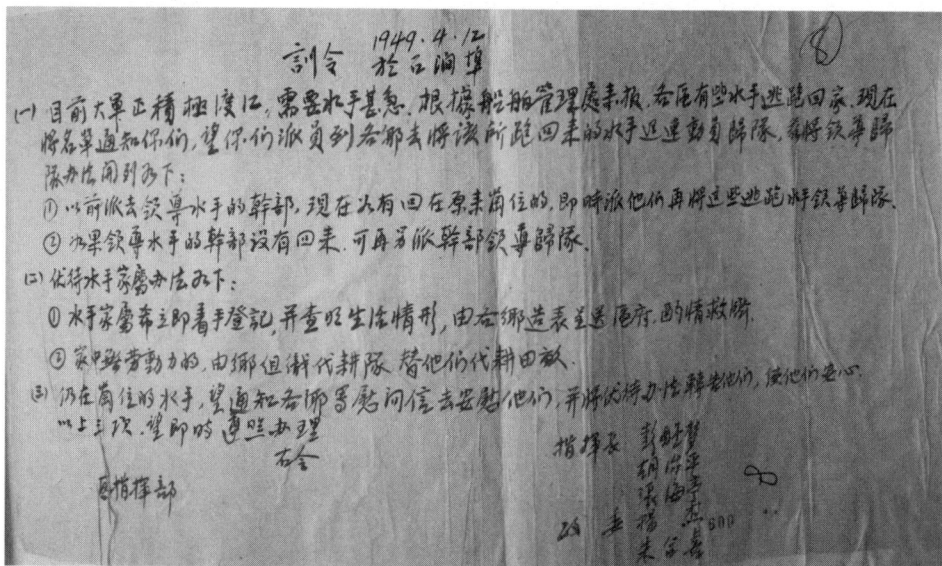

1949年4月12日，无为县渡江支前指挥部发布训令，动员水手迅速归队

无为县渡江支前指挥部组成人员：指挥长彭醒梦，第一、第二副指挥长朱海亭、胡治平，政委杨杰，副政委朱合喜，政治处主任朱合喜（兼）。

指挥部下辖6个工作机构：财粮科，科长彭醒梦（兼）、副科长李醉农；交通科，科长朱海亭（兼）；船舶科，科长胡治平（兼）、副科长潘得亮；民力科，科长朱合喜（兼）、副科长范玉荣；供应科，科长吴清泉；民运总站，站长李醉农（兼）、副站长李平。

指挥部下辖4个区级渡江支前指挥所，由所属各区区长兼任渡江支前指挥所所长，区委书记兼任教导员。

严桥区渡江支前指挥所：所长刘希文，副所长先后是沈昌木、陶大本，教导员盛少卿，区干队队长李春，指导员郗达民。下辖合发、正岗、天和、团结、福民、沈斌、平定、牌楼、海云、严桥10个乡级渡江支前大队。

石涧区渡江支前指挥所：所长刘功弼，副所长许竹轩，教导员龚存准，区干队队长张汉权，指导员季益好。下辖纯疃、赵巷、仓成、凤河、神咀、龙王、青苔、太平、双黄、石涧10个乡级渡江支前大队。

新民区渡江支前指挥所。所长谢道昂，副所长范玉荣，教导员谢道昂（兼）。下辖红庙、天花、东河、新民、魏桥、董桥6个乡级渡江支前大队。

无城区渡江支前指挥所：所长先后是胡治平（兼）、陈革贪，副所长陈惠民；教导员陈革贪（兼）。下辖五华、文景、皇武、东岳4个乡镇级渡江支前大队。

无为县渡江支前指挥部的工作大体经历了四个阶段：第一阶段是筹措粮草，组织民工抢修交通线路；第二阶段全面进行动员、组织、集中、整训，并整体与部队对接；第三阶段是参与渡江支前的实际行动；第四阶段是船只、民工复员阶段。

1949年2月4日，无为县渡江支前指挥部翻印了支援及生产口号，其中支援口号16条，生产口号7条，并书写成标语，张贴到房前屋后、街头巷尾，营造了极为浓烈的支援大军渡江的舆论氛围。4月12日，无为县渡江支前指挥部发布《关于准备大军渡江对水手的训令》，同时颁布《优待水手家属办法》。《优待水手家属办法》包括："1. 立即着手登记水手家属，并查明生活情况，酌情救济；2. 家中无劳力，由乡组织代耕队，替他们代耕田亩；3. 仍在岗位的水手，由各乡写慰问信进行安慰，并将优待办法告知，供其安心。"《优待水手家属办法》起到了安定人心的效果，使参加渡江支前的水手更加安心在岗位工作。4月23日，大军渡江以后，无为县渡江支前指挥部及时撰写《渡江支前工作总结》，对"粮草供应情况、动员调集使用情况、支前费用与材料使

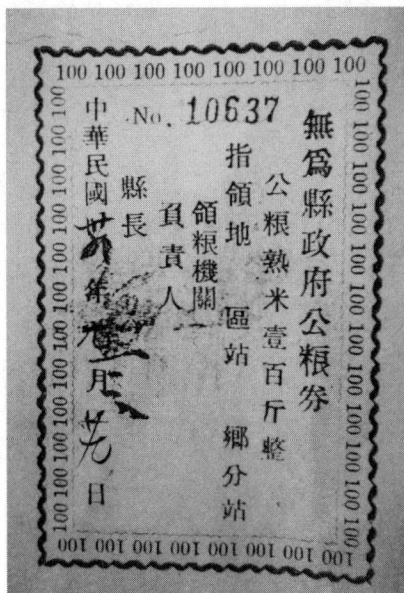

无为县政府印发的公粮券

用情况、开展工作的方式方法、动员组织民力使用情况、立功运动开展情况、工作中出现的偏差情况、支前工作中典型人物生动具体的事实、支前工作与一般工作结合情况"等9个方面的情况进行总结，为渡江支前的后续工作提供经验。

4.无南县渡江支前指挥部

1949年2月，中共无南县委、无南办事处奉命成立无南县渡江支前指挥部，隶属四分区支前司令部。指挥部驻襄安镇，内设工作机构4个，辖4个区级渡江支前指挥所、28个乡级渡江支前大队。全县计有887名水手参加渡江作战，有479人立功受奖。5月，该指挥部在完成使命后撤销。[1]

无南县渡江支前指挥部组成人员：指挥长钱光胜，第一副指挥长马荣卿，第二副指挥长唐斐，政委张石平，政治处主任马荣卿（兼），秘书陈杰。

指挥部下辖4个工作机构：交通科，科长唐斐（兼）、副科长刘成彩；粮食科，科长钱光胜（兼）、第一副科长徐杰、第二副科长尤彬；船管科，科长谭振民、第一副科长张恩培、第二副科长叶孟青；民力科，科长陈化群。

指挥部下辖4个区级渡江支前指挥所，由所属各区区长兼任渡江支前指挥所所长，区委书记兼任教导员。

虹桥区渡江支前指挥所：所长蔡剑泉，副所长孙茂青，教导员肖介中，区干队队长蔡剑泉（兼）。下辖白马、板桥、三溪、神塘、官镇、虹桥、泥汊7个乡级渡江支前大队。

姚沟区渡江支前指挥所：所长刘东屏，副所长安重新，教导员陈敬华，区干队队长刘仲林，副队长张家道。下辖沈马、隆兴、五洲、高鱼、姚沟、

---

[1] 冯显忠.中国共产党安徽省无为县组织史资料[M].合肥：安徽人民出版社，1993：80.

凤凰6个乡级渡江支前大队。

苏塘区渡江支前指挥所：所长高俊超，副所长蔡玉甫，教导员刘子原，区干队队长邵平，区干队副队长朱吉祥。下辖留桥、观音、赫显、牌平、羊山、苏塘、汪圣、百子、开城9个乡级渡江支前大队。

襄安镇渡江支前指挥所：所长邓焕章，副所长左明树，教导员丁仁和，区干队队长范英。下辖东街、中街、南街、金鸡、胡家竹园、施河圩6个乡级渡江支前大队。

无南县渡江支前指挥部成立之初，就组织区乡以上干部开展反对无组织、无纪律、无政府状况的"反三无"学习。采取开会与整训相结合的学习方法，通过批评和自我批评，提高了党员干部的思想水平，加强了党的集中统一领导，密切了党与群众的关系。无南县的"反三无"学习焕发了广大干部群众自觉投身于渡江支前运动中的热情。

设在无为县襄安镇南关的无南县渡江支前指挥部

1949年2月，无南县政府颁布了《三十八年度公粮合理负担条例》，规定："每亩起征公粮田赋15斤。"还规定："对革命烈属、老弱孤寡实行减免优待，对灾区公粮实行酌情减免。"无南县渡江支前指挥部认真贯彻执行这一新的征收政策，得到了广大群众的极大拥护。无南县渡江支前指挥部还对支持渡江作战的水手进行集中训练，用召开小型座谈会的方法来解决水手的思想问题，发动积极分子现身说法，开展军民协同立功运动。无南县渡江支前指挥部还积极发动民工参加修筑战时简易公路的劳动，无南县修建了开城至襄安、襄安至无南两段公路，保障战备物资顺利运抵前线。

无为地区四县的渡江支前指挥部紧紧围绕"支前工作是渡江战役胜利的重要保障"这一主题，发动各级支前组织在广大群众中广泛开展"支前为谁，胜利为谁"的思想教育活动，使支援解放军渡江作战成为广大群众的自觉行动。通过庆祝无城解放活动，人民群众认清了敌人反动没落的本质，增强了解放战争必胜的信念。在动员干部群众支前工作中，各级渡江支前组织有效地提高了各级干部的思想认识，提高了干部群众支前的光荣感和使命感。在此基础上，各级渡江支前组织召开大会，进行诉苦教育，进一步启发广大群众的阶级觉悟，激发出万众一心推翻国民党统治的阶级仇恨。由于借粮、征粮、献粮运动宣传发动到位，很快出现了各地群众争先恐后借粮支前的热潮。无为人民情愿自己吃粗糠咽野菜，也要缴纳公粮支援前线。"水乡唱响拥军曲，万众一心闹支前。"在渡江战役紧张准备的日子里，无为人民迸发出令人感奋的热情，倾其所有支援渡江部队。他们的口号是："大军打到哪里，我们就支援到哪里；前线需要什么，我们就提供什么。"在渡江战役中，40多万人的无为县支前队伍冒着国民党军队的枪林弹雨，肩挑担子送公粮，手摇小船渡长江，这不仅仅是出工、出力、出船，更可能会因此牺牲。但是，无为人民在各级支前组织的统一指挥下，勇于接受血与火的战争洗礼，胜利完成了无为地区四县解放以后规模最大的一次支前任务，用实际行动唱出了一曲"我送亲人过大江"的时代颂歌。

大军胜利渡江以后，无为地区四县渡江支前指挥部根据"大军向南大进军，捷报不时传来"[1]的通知，组织各城镇、各区乡在要道口广设墙报栏，贴上或写上引人注目的消息，鼓舞群众继续保持支前的热情；有些城镇则召开祝捷大会进行广泛宣传，传颂渡江作战和渡江支前的佳话。各区渡江支前

---

[1] 关于支援大军向南进军和宣传胜利的通知[A].1949-4-25.无为：无为市档案馆.

指挥所还相继召开庆功大会，颁发渡江纪念章、立功证书，第三野战军第七兵团宋时轮司令员、二十七军聂凤智军长亲自为立功人员披红挂彩，表彰英雄们的功绩。

渡江以后，无为地区四县的渡江支前指挥部继续做好渡江支前的后续工作，组织广大干部群众投入医治战争创伤，发展农业、手工业和工业生产的工作中。5、6月间，无为地区四县均发生自1931年以来的最大水灾，严重的自然灾害给无为四县人民带来了极大损失。"各级政府组织群众开荒，并发放农业贷款80万元及救济粮，积极开展生产救灾，民心稳定。"[①] 灾后，家园和生活逐步得到了恢复。

渡江部队率先由无为扬帆起渡

无为县泥汊镇原名"濡江"，虽不为人所熟知，但在历史上却是军事要冲。这里曾多次上演战火纷飞、旌旗猎猎的场景。70年多前，渡江战役前夕，聂凤智将军率领的人民解放军第二十七军就驻扎于此，而渡江战役中的"渡江先锋船"也是从这里扬帆起渡。这艘木船承载着丰富的革命传统，是无为县地域文化的重要组成部分。当年，渡江船只和摇船的船工不是在风平浪静中顺畅过江的，而是迎着滔滔江水与隆隆炮火"冲"过去的。这些英勇的事迹正体现了"团结一致、同舟共济、不畏艰险、勇于拼搏、坚韧不拔、敢于争先"的渡江精神，值得继承与弘扬。

为什么渡江部队率先由无为县扬帆起渡呢？这是由多重历史因素决定的。

---

① 无为县地方志编纂委员会.无为县志[M].北京：科学文献出版社，1993：21.

一、源于无为县长江江面的宽度

无为县地处长江下游，长江由西南向东北流经南京、镇江后折向东南，以南京为拐点，形成了一个半圆形的弧。无为附近长江的江面宽度均在2公里以内，无为至荻港板子矶最窄处仅1000米，且弯道多、小岛多，北岸有

原名濡江的无为县泥汊镇，人民解放军第二十七军就驻扎于此

许多湖泊与长江相通，便于人民解放军隐蔽渡船，便于利用弯道与江心洲突破敌人阵地，并向纵深穿插。这一地段被自西向东的浩荡江水劈成两片，江流冲开陆地后突然折向东南，在那里又造出了一个浩浩荡荡的水套。水套尽头，江水又向东北方向飞出，气势雄浑，一直流进江天云海的交界处，但这段江面曲折且狭窄，两岸地势是北高南低。江水常年冲刷着南岸的江堤，江堤时常发生崩塌。长年累月，南岸一线变得陡峭险峻，许多地方没有江滩，江水紧擦江堤一泻而下。担任渡江支前的无为县船工、水手全都是摇橹、张帆和划桨掌舵的行家里手，非常熟悉此段江域的水情，何处是暗礁、何处是激流，他们熟记于心，不论白天、黑夜，都能航行自如。甚至，对此段江域在顺水、逆水、顺风、逆风时船行速度和里程都能一一准确揣测。这些，则为"渡江先锋船"等渡江船只由无为江岸扬帆起渡提供先决条件。

二、源于无为人民对渡江战役的强劲支持

渡江战役的伟大胜利，实际上也是群众运动的伟大胜利，在渡江战役中，人民解放军第二十四、二十五、二十七军以及后续的第三十军在无为实施渡江任务，从无为县江岸飞渡长江，吹响了"打过长江去，解放全中国"的胜利号角。军民同舟、千帆竞渡、百舸争流，无为成为渡江战役中路大军的起渡点，最早抵达对岸船只的始发地。这一切，离不开无为人民的全力支持。在渡江战役准备与实施期间，无为人民随军筑路，遇水搭桥，许多无为儿女毫不犹豫捐出船只、木材、粮食，甚至拆了自家门板、砍了山林的树木供大军生火取暖。支前期间，全县共有100多万人次参加了担架队、运输队、修路队，5000多名船工、水手参加渡江作战；修筑了巢县至无为、无为至二坝、无为至庐江共340公里的简易公路和20多座桥梁；支援了粮食2000万斤、柴草数千万斤、大小船只3400只。在奔流不息的滔滔江水中，无为无数人家的父子、母子、兄弟共同支前，更有三代人同撑一条船，呈现出"男女老少齐上阵，四面八方闹支前"的动人情景。1949年8月4日，邓小平深情地回忆沿江人民包括无为人民在渡江战役中的支前工作时说："在渡江准备的过程里，我们集结主要兵力在芜湖至安庆这个地方，所需粮食一亿五千万斤，其中百分之八十是沿江的人民拿出来的。他们把家里的粮食尽量拿出来，并且表示只要渡江，饿着肚子也不要紧。为了解决烧柴困难，人民甚至毫无怨言地拆房子给我们当柴烧。其他战勤工作都很繁重，如修路、运粮、找船工。船工一半来自民间，一半是临时训练的战士。"[1] 这些，都是无为人民渡江支前运动的真实写照，也是"渡江先锋船"等英雄船只由无为江岸扬帆起渡的动力。

---

① 邓小平.邓小平文选（第一卷）[M].北京：人民出版社，1994：138.

无为人民渡江支前的动力源泉

在渡江战役中，无为人民为什么能焕发无比巨大的革命热情，全力以赴地支援人民解放军渡江作战？"树高千尺总有根，水流千里总有源"，追根溯源，这是源于无为人民在长期的革命斗争中所累积的精神与力量，主要体现在四个方面。

一、源于革命战争时期党的群众路线落地生根

坚持党的群众路线是中国共产党夺取民主革命胜利的法宝，群众路线是立党宗旨的必然抉择，它把广大人民群众凝聚在党的旗帜下，形成了不可阻挡的革命洪流，群众路线使革命事业根植于沃土中，使革命事业发展壮大有了取之不尽、用之不竭的力量源泉。

土地革命战争时期，中国共产党着眼于民族独立和人民解放大业，在变革民生、民权的革命运动中，在广大农村进行着"一切权力归农会""耕者有其田"的革命，使备受苦难的农民分得土地、获得新生，让群众得到实惠、见到光明，从而激发了人民群众支持共产党闹革命的热情，使党的政治主张转变成广大人民群众自觉为之追求、为之奋斗的斗争信念。中共无为县委在此期间领导的"择师斗争""禁粮外运斗争""赔当斗争"等，正是代表着最广大人民群众的根本利益，党的凝聚力、号召力因此进一步提升。

抗日战争时期，中国共产党实行全面抗战的方针，开展人民战争，依靠群众路线动员全国的老百姓汇成了陷敌于灭顶之灾的汪洋大海。在皖江抗日根据地中心区无为，成千上万民兵自卫队与敌作战，难以计数的担架队、运输队、救护队日夜奔忙，使侵华日军陷入"前方吃紧、后方不稳的绝境"。

这显示出人民群众无比强大的战争伟力。

解放战争时期，中国共产党从民族独立和人民解放的根本任务出发，团结、带领和发动最广大人民群众，以人民战争的形式打败了国民党反动政权。在渡江战役中，无为人民凝心聚力，参加拥军支前，汇成声势浩大的群众运动。当时凡18—35岁青年均参加担架队、筑路队，36—45岁壮年参加运输队，46岁以上中老年担任递步哨、盘查哨（儿童团协助）[1]。全县人民全力以赴，形成渡江支前的滚滚洪流。无为人民矢志不渝地支援大军渡江，是党的群众路线落地生根的必然结果。

渡江战役的伟大胜利告诉我们，人民群众中蕴涵着无穷无尽的智慧和力量，坚持群众路线，得到人民群众的支持，是取得一切革命胜利的根本保证。

二、源于血浓于水的军民关系

在无为县这块热土上，一种优良的传统一经形成，深入人心，就必然结出累累硕果。渡江战役血浓于水的军民关系像一座"连心桥"，把军队和人民紧紧地连在一起，构筑成一道坚不可摧的钢铁长城。

在抗日战争的烽火岁月里，新四军第七师致力为无为人民排忧解难，以真情实意取信于民，先后做了清除匪患、借粮度荒、减租减息、兴修水利、生产互助、发放贷款、兴办公益、开垦荒地、开展军民大生产等改善民生的工作。尤其每逢日伪军"扫荡"，新四军第七师总是派出武装护送老百姓安全转移，而自己前去迎击日伪军。日伪军走后，房子烧了的，帮助建房；财物被劫的，送粮草、捐衣被；负伤的，帮助医治；有乡亲被害的，登门慰问。新四军指战员如果平时借住在老百姓家里，便会帮助下田干农活、拾

---

① 曹道龙.中国共产党巢湖地方史[M].合肥：安徽人民出版社，2003：35-360.

粪、修缮房屋，水缸不挑满不走，室内不打扫干净不走，借用的门板桌凳不还清不走。这与国民党军队以及政府的贪腐与欺压百姓的劣行形成鲜明对比，很快赢得了广大人民群众的衷心拥护与爱戴。而新四军第七师与日伪军作战，老百姓冒着枪林弹雨送茶饭、送弹药上前线，护送伤员下火线，冒着生命危险打探敌情，及时报告给新四军。新四军指战员驻扎休息，老百姓主动站岗、放哨，盘查生人，严防敌特、汉奸。尤其是在面对敌人屠刀的生死关头，老百姓总是能够舍生忘死地救护新四军将士。无为民间就有流传甚广的严桥镇邹村群众掩护新四军后代的动人故事，体现了人民军队与老百姓之间的鱼水深情，深刻揭示了"兵民是胜利之本"[1]的真理。

在渡江战役中，二十七军八十师师长张铚秀说："当乡亲们知道我们的部队要打过长江去，向江南进军，解放全中国的时候，人民群众格外高兴，倾城倾乡地出来接待部队，有的人家还因为分不到部队住宿而感到生气哩。在巢无地区，熟悉我的群众一见到，他们都满面笑容地对我说：'张参谋长，你又回来了！'一位抗战时期的房东老大爷紧紧地拉着我的手说：'我们早就盼望你们回来打过长江去，你们要人有人，要船有船，要粮有粮……'我们的部队，正是在人民的厚爱和关怀下，紧张地投入渡江的准备工作。"[2]军民关系的融洽催生了渡江战役的伟大胜利。

三、源于对国民党反动派暴政、苛政的仇恨与反抗

抗日战争胜利以后，新四军第七师奉命撤离无为。国民党反动派卷土重来，在无为实行"白色恐怖"，对无为人民实行疯狂的政治迫害和经济压榨。政治上的暴政和经济上的苛政，使得民怨沸腾、怨声载道。其主要表现

---

① 毛泽东.论持久战[M]//毛泽东选集：第2卷.北京：人民出版社，1991：509.

② 张铚秀.军旅生涯[M].北京：解放军出版社，1998：272-273.

为：一是对无为人民实行法西斯统治，推行所谓"三分军事、七分政治"的全面清剿，也就是强化特务组织，实行法西斯专政。在无为建立8个军事联防区，设立情报站、监察网和行动队，专门搜捕、迫害中共党员、抗日干部和进步群众，并且实行"五家联坐"①，规定在毗邻五户当中有一户"不遵守规定"，即五户同罪，一户不报，四户株连。对七师北撤留下的家属分户编号，在大门上挂牌子，作为重点监控对象。二是大批抗日基层干部和革命群众惨遭杀害。在无为县境内，除以新四军或"通匪"罪名屠杀群众外，凡对国民党当局的暴政稍有异议者皆杀，诸如干扰苛捐杂税者杀，訾议其行为者杀，忠言劝告者杀，受其部属挟嫌诬陷者杀，或明杀，或暗杀，有名可查的约200人，以"通匪"罪名逮捕入狱的不下千人。国民党反动派在无为杀人手段之残忍，更令人发指，有枪杀、活埋、砍头、剖腹、装麻袋沉江、乱刀分尸、杀人挖心等。无为石涧联防区主任高石平驻仓头102天，杀172人。严桥镇中心组组长陈森为逼迫群众自首，先后打断扁担800余根，以致严桥镇一时扁担短缺。仅无为县从新四军第七师北撤到年底不到3个月中，全县游击队员、中共党员、村干部惨遭杀害的达3700多人。②国民党反动派在迫害大批革命仁人志士的同时，往往累及无辜群众。无为中心区是抗日老区，为抗日反顽做出巨大贡献，国民党反动派因此怀恨在心。1946年5月，国民党桂系杨创奇部4000余人"清剿"当年的抗日根据地中心区，以一个连兵力包围范家井村，将全村妇女赶到后山坡上，并全部杀害。在该村奸淫烧杀达4个多小时。三是地主"还乡团"的反攻倒算。在国民党当局的策动、唆使下，反动恶霸地主对农民进行反攻倒算。威逼、倒算抗战时期"二五"减租减息的钱和稻子，许多贫苦农民被逼卖田地房产农具，流落他乡。无为县襄安区德胜乡恶霸地主梅中成，规定农民每亩补交减租三斗四升，对无法

---

① 曹道龙.永恒的记忆[M].北京：当代中国出版社，2004：217.

② 曹道龙.中国共产党巢湖地方史[M].合肥：安徽人民出版社，2003：318.

交纳的农民就冠以新四军罪名加以逮捕。在其威逼下，将抗战时期所减去的租息全部倒回。

政治独裁和经济掠夺、政治压迫和经济盘剥往往是一对孪生兄弟。国民党政府无限制发行纸币，致使物价暴涨。封建地方势力的经济盘剥更是层层加码，巧立名目，榨取无为人民血汗。据无为市档案馆史料记载，1946年，国民党在无为的田赋由抗日战争时的每亩15斤大米增加到每亩25斤大米，每亩增幅高达67%。其他捐税多如牛毛，什么所得税、建设税、人口税、门牌税、养鸡（鸭）税、养猪（牛）税、房税，还有什么保甲费、枪支费、大户捐、月捐等。此外，士兵下乡要草鞋费，盲目开枪要枪火费，士绅办酒要列办费，过年过节要慰劳费、加餐费，凡此种种，不一而足。地方恶势力更是借机敲诈勒索，大发横财，弄得商户倒闭，贫苦农民倾家荡产。芜湖《大江日报》载文称："无为境内，捐税太重。"[1] 国民党统治下的无为人民陷入了水深火热、惨绝人寰的境地，苦苦地挣扎在死亡线上。

在渡江战役前，国民党溃兵溃逃江南从无为经过时，竟然大肆开堤断埂、抢劫民船、掠夺民财、抓丁拉差，更激起广大群众的万般仇恨。哪里有压迫，哪里就有反抗。压迫越沉重，反抗越激烈。这就像火山喷发、海啸、地震迸发出无比巨大的力量，这种力量也转变成支援大军渡江的强大动力。人民心往一处想，劲往一处使，发出了"支前立功，百世光荣"的誓言。

四、源于无为人民对新生的人民政权的渴望

渡江战役前夕，饱受国民党反动派压迫和剥削的无为人民，以无比迫切的心情，渴望人民解放军早日"打过长江去，解放全中国"。二十七军八十师师长张铚秀说："因为，皖中的土地是战斗的土地，这里的人民是英雄的

---

[1] 曹道龙.中国共产党巢湖地方史[M].合肥：安徽人民出版社，2003：325.

人民。当我再次踏上这里的土地的时候，看到每一座山、每一条江河、每一条圩埂、每一个村庄，心情是很不平静的。抗日战争中，有许多时候，日本帝国主义侵略军突然袭击、扫荡，国民党顽固派的军队乘机进攻，巢无地区处于敌、伪、顽三面夹击的困境，但是，我们军民并肩，总是一次又一次地粉碎和击败了敌人的合围、夹击、扫荡、进攻，最终取得了胜利。"[1]渡江前夕，无为人民带着对建立新生的人民政权的无比期盼，焕发出催人奋进的勇气和力量，军民再次携手战斗，奋力夺取渡江战役的伟大胜利。

对于建立新型的人民政权，无为人民是不陌生的，而是从内心深处去接受它、捍卫它。抗日战争时期，1941年5月，无为县抗日民主政府一建立，即于当年9月颁布了《新四军无为县保障人权条例》，使人民群众获得生存的价值与尊严。1943年，在粉碎日伪两次大"扫荡"之后，根据地抗日民主政府立即组织军民修建"黄丝滩江堤退建工程"和"三闸工程"，造福广大人民群众，体现了抗日民主政府"利为民所谋"的初心。同年，由于抗日民主政府大力发展生产，执行"减租减息"和各种减轻群众负担措施，使人民群众在经济上减轻了压力，政治上消除了压迫，人人心情舒畅，因而更加积极地支持和投身抗日斗争。由于抗日民主政府坚持"权为民所用，利为民所谋，情为民所系"的施政方针，人民生活获得较大改善，皖江抗日根据地处处呈现出一片欣欣向荣、人人忙生产、个个支援抗战的生动局面。渡江前夕，无为人民与创建敌后抗日根据地之初的心境相同，热切期盼早日粉碎国民党的反动统治，建立一个真正代表人民意志和愿望的崭新人民政权。正是这种信念的支撑，才能使无为人民满怀信心地投入支援大军渡江的群众运动中去。

渡江战役以其特有的壮观雄伟气势、多彩多姿的战斗业绩、宝贵而又丰富的战斗经验，载入中国人民解放战争的光辉史册。而今，渡江战役胜利已

---

[1] 张钰秀.军旅生涯[M].北京：解放军出版社，1998：272.

经 70 多年，当年无为人民支援渡江战役的壮阔情景依然毫不褪色，永远激励我们为保卫祖国、建设祖国而奋勇拼搏、开拓前进，不忘初心、牢记使命，为实现中华民族伟大复兴的中国梦贡献一切力量。

（王敏林、耿松林）

附：渡江战役形势图①

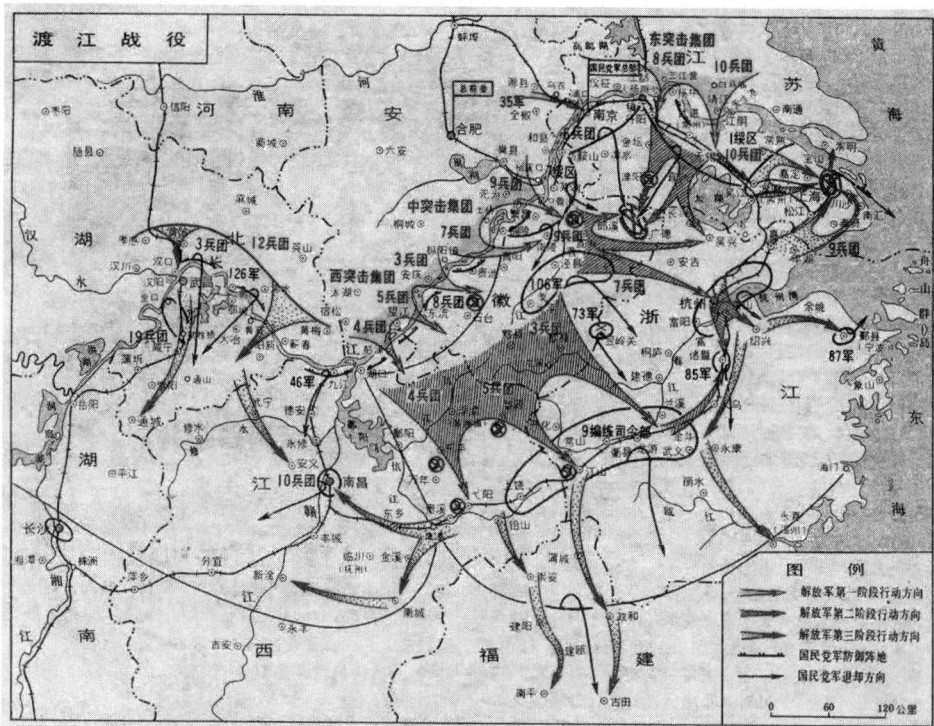

---

① 安徽省新四军历史研究会，中共安徽省委党史研究室.安徽革命史画册[M].合肥：安徽美术出版社，2004：259.

纪　实

　　渡江战役是解放战争中极其重要和特殊的一次战役，中国人民解放军一举突破了国民党陆、海、空军联合组成的长江防线，所向披靡、势如破竹，使国民党的反动统治走向全面崩溃。无为县（当时无为县分为无为、临江、湖东、无南四县）的中国人民解放军第七、第九兵团最先渡江，在整个战役中起到了非常重要的作用。

　　1948年初，中共中央军委从全国战略进攻的态势着眼，为未来的渡江战役做了长远精密的部署。马长炎、高立忠奉华东野战军总部之命率华东野战军南下大队（俗称马高支队）1000余人抵达无为地区伺机渡江。不久，华东野战军总部又派顾鸿率南下先遣支队1000余人进入无为地区，侦察长江两岸敌情，为将来渡江做先期准备。从1948年4、5月份开始，到1949年2月，第三野战军（华东野战军改称）第二十四军、第二十五军、第二十七军、第三十军及第三十三军一部以及民工、担架队先后进驻无为地区，无为县、临江县、湖东县、无南县的党、政、军、民在战役的准备阶段和实施阶段举四县之力，做了大量的工作，无为四县人民为中线渡江部队的胜利做出了巨大的牺牲与贡献。

无为全境解放，创建渡江基地

无为、临江、湖东、无南四县是抗日战争时期中国共产党领导下的 19 块抗日根据地之一的皖江抗日根据地的中心地区，是新四军第七师师部和皖江地区党政群首脑机关所在地。境内人民在中国共产党的领导下开展了轰轰烈烈的抗日斗争，境内亦无国民党政权和国民党的军队。1945 年抗战胜利，遵照国共谈判后签署的《双十协定》，10 月，新四军第七师和中共地方党政群组织机关骨干人员均随军北撤苏北和山东。国民党无为县政府、县党部带领县常备队，从抗战时期国民党控制的庐江县进驻无为。由于国民党反动派害怕无为人民因长期在共产党领导下进行不屈不挠的抗日斗争，思想觉悟高，不宜被统治，于是不久即派了桂系 176 师 528 团，国民党安徽省保安 6 团、保安 8 团以及国民党第 21 集团军 138 旅进驻无为、临江、湖东、无南四县境内。一时间，无为地区大兵压境，竟然驻扎了三个团和一个旅的国民党军队，城乡气氛变得紧张、恐怖[1]。

为了巩固反动统治，国民党无为县（国民党控制时称为无为县，不称四个县）军政当局对全县人民横征暴敛，数不清的捐税日益苛重地强加在人民的头上，三个团和一个旅驻军进驻、开拔的慰劳、招待等费用也压得老百姓喘不过气。同时，这些驻军还不时地下乡进行所谓的"清剿"，实际上是变相的抢劫，闹得民不聊生。

在经济上对人民群众重重盘剥的同时，无为县的反动派对抗战时期的基层干部、中共党员和革命群众残酷迫害。国民党反动派军政当局的暴政激起了无为县人民群众的强烈愤恨，为了反抗反动派的迫害，一部分尚未暴露身

---

① 中共无为县委党史研究室.中国共产党无为地方史（内部刊物）[M].2002：195.

份的共产党员、基层干部和民兵则拿起了刀枪在本地与国民党的军政当局开展武装斗争，并在抗战时期的无为、临江、湖东、无南四县区域秘密建立起游击队和党的基层组织。到1948年春，无为县就组建了巢无游击大队和巢无独立大队，临江县组建了临江游击大队，湖东县、无南县也分别组建了游击队。同时，这四个县的一些地区还建立了地下区、乡政权。此时，各县的武装游击队一般规模都不大，并在极端困难的条件下开展活动，如，联系群众、分化敌对势力、打击小股下乡"清剿"的反动军队、揭露反动派的阴谋和罪行，在一定程度上起到抵制国民党反动统治、鼓舞人心的作用。他们渴望着昔日北撤的新四军第七师部队能回来，带领他们与反动派进行斗争。就在斗争最艰苦卓绝之时，原新四军第七师干部率领的华东野战军南下大队、华东野战军南下先遣支队先后抵达无为、临江、湖东、无南四县地区，他们的任务是进行战略侦察、伺机渡江，到皖南与地方党联系，策应大军渡江。他们的到来使正处于水深火热之中的四个县党、政、军、民欢欣鼓舞，这两支南下部队在各地游击大队的支持和配合下，扫除盘踞在四个县的国民党反动派武装，为实现"打过长江去，解放全中国"的目标做出贡献。

1948年春，淮海战役尚未开始，中央军委根据全国的战略态势，决定在各个战场上采取攻势作战，构成解放军全国规模的战略进攻。依照中央军委的指示，华东野战军副司令员粟裕派华东

严桥大捷战斗地之一的笑泉口遗址

野战军第六纵队十七师副师长马长炎组建千余人的华野南下干部大队，后改为华野先遣纵队独立支队，马长炎任支队队长。支队采取灵活机动的战略战

术，经两个多月，于 1948 年 4 月底由皖北的阜阳、界首到达无为严桥地区的团山李。从 1938 年起就在临江县开展抗日活动，后任新四军第七师和含支队副支队长的马长炎，是无为地区四县群众非常熟悉的抗日将领，团山李附近的乡亲们见到先遣支队的人员就像见到久别的亲人一样，非常高兴，他们奔走相告："新四军又打回来了！"虽然当时淮海战役还未开打，国共双方胜负还未明朗，但无为地区四县人民对国民党反动派的残酷镇压已痛恨至极，他们义无反顾地一边倒，全力支持共产党领导的军队。^①当地党的负责人唐晓光、陈力生等人向马长炎介绍了无为地区四县及沿江一带的敌情后，他们决定在地方游击队的配合协助下，利用有利时机，打几场胜利的战斗，杀杀国民党反动派军队的嚣张气焰。

严桥大捷战斗地之一的龙骨山遗址

---

① 葛瑞常.安徽文史资料全书·巢湖卷（上）[M].合肥：安徽人民出版社，2007：562.

1948年5月初，国民党138旅一部在无为石涧镇进行所谓的"清剿"，马长炎得知后，立即派地方游击队前去偷袭，先遣支队埋伏于簸箕场一带。当游击队佯装败退后，国民党军队跟进追击，进入先遣支队伏击圈，一时轻重机枪一起开火，敌人才知道碰上了正规军，慌忙逃走，但死伤了数十人，而先遣支队无一伤亡。5月中旬，杨创奇部纠集国民党安徽省保安6团一部分三路进攻严桥，对先遣支队进行报复，在严桥笑泉口与先遣支队激战。从上午11时打到晚上8时，在游击队的支持下，先遣支队击退了反动军队的进攻，迫其退走。接着先遣支队又东下临江县三汊河，端掉了国民党反动军队的三汊河据点。6月初，杨创奇138旅一部向开城桥进犯，先遣支队又与其在羊山口激战三小时，使杨创奇丢下40余具尸体败退无为县城。四次不大的战斗，国民党杨创奇见每次都失败而归，非常恼火，他决心要与先遣支队决战。而此时，由顾鸿率领的华东野战军南下先遣支队已到了无为严桥山区，这两支华东野战军南下部队决定联合对国民党138旅进行一次大战。6月上旬，138旅一部进攻严桥龙骨山地区，两支华东野战军部队占据制高点，敌我双方展开激烈战斗，从中午一直打到晚上，国民党部队丢下百余具尸体而败走。这一仗大大挫伤了国民党军队的锐气，使其士气低落，使无为地区四县人民恨之入骨的138旅"杨麻子"一蹶不振。两支华东野战军南下部队士气大振，人民极受鼓舞。1948年下半年，两支华东野战军南下部队又在临江县的运漕附近以及雍南地区，狠狠打击了国民党的安徽省保安6团、保安8团和138旅残余部队，迫使他们败走江南。从此，整个无为地区四县再无国民党的正规部队，国民党县政府及其所辖治安部队已处于风雨飘摇之中。

在两支华东野战军南下部队的支持下，无为地区四县均完善了党、政、群机构的设施，带领群众进行土地改革。广大劳苦人民欢天喜地，"跟着共产党，打过长江去，解放全中国"已成为四县人民的强烈愿望。之所以无为、临江、湖东、无南四县能成为中路渡江大军的基地，与此地坚强的组织基础和稳定的思想基础是分不开的。

保障粮草供给，使渡江大军无后顾之忧

无为县是革命老区，早在第二次国内革命战争时期就建立了中国共产党的组织和苏维埃政权，广大人民群众有着较高的革命觉悟。当华东野战军两支南下部队在无为、临江、湖东、无南四县党政军民的配合支援下击溃了国民党反动派的军队后，四县境内除沿江一带还有国民党军队几个据点外，基本解放，人民群众欢欣鼓舞。1949年2月初淮海战役结束后，中国人民解放军第七、第九兵团渡江部队第二十四军、第二十五军、第二十七军、第三十军、第三十三军一部及北方担架队（参加淮海战役后随军南下）、干部大队

大批弹药通过河道运往渡江前线部队

近30万人先后到达无为、临江、湖东、无南四县指定区域，开始进行渡江前的各项准备工作。

兵马未到，粮草先行。这近30万人的粮草供应就是压在四县党政干部和广大人民群众肩上的千钧重担。首先亟待解决的问题就是粮食。无为地区四县的地方政权建立还不到一年，亦无统购统销的粮食管理机构，虽是鱼米之乡，但并无大型的粮食加工企业和粮食市场，农民只是把稻谷收在家里，手工磨一些米，供自家短时间吃，出售的大多数是稻谷，米较少。在"一切为了支前"的号召下，各级渡江指挥部动员各地民众日夜加工稻谷，同时还派员到外地收购大米，号召各基层政权组织向老百姓和群众团体借粮给大

军。仅从《无城地区借粮统计表》[1]中就看到，无城地区仅两次就向渡江部队借出粮食 2775697 斤，其中东岳镇 620238 斤、文景镇 315458 斤、五华镇 806660 斤、皇武镇 1033341 斤、无为商会 4837190 斤、万字会（民间慈善机构）13200 斤。渡江部队、担架队、民工、南下干部大队近 30 万人，一人一天

无为县石涧镇支前献粮统计

吃一斤半米（支前指挥部规定每人按一斤半米供应），由于当时条件差，蔬菜很少，更无多少副食品，战士大多是年轻人，所以一天要供应近 45 万斤成品粮，而这近 45 万斤成品粮还要民工肩挑、船运送到渡江部队的营地。这对当时总人口只有 86 万的四县是个多么大的负担！但是思想政治觉悟高的四县民众毫无怨言，硬是咬着牙坚持 40 多天，用实际行动支援渡江部队"打过长江去，解放全中国"。其次是烧饭烧水的柴草。无为地区四县主要种植水稻，其秸秆被老百姓用于盖屋和烧火煮饭，极少用木柴和芦苇，更没有煤炭。群众烧柴也仅仅是一年保一年。现突然增加相当于全县三分之一的人口，而且又是青黄不接之时，烧柴成为一个极大的难题。在各地支前指挥部的组织动员之下，各地群众将自家的稻草送给解放军做燃料，后来村庄上的草堆用完了，群众就把房前屋后的树木锯掉送到营地做燃料，甚至将山区、丘陵地区的树木砍掉来做燃料。原先无为、湖东两县山区有不少茂密的山林，到渡江后，不少山都光秃秃的。按煮饭与用柴比例算，45 万斤成品

---

[1]《无城地区借粮统计表》现存于无为市档案馆。

粮煮熟，一天最少得用柴120万斤，各级基层渡江指挥所想方设法，砍伐了大片山林，确保了渡江大军的生活、训练不受影响。最后是蔬菜问题。无为地区四县原先的蔬菜基本上是自给自足，没有专门生产蔬菜的菜农，仅有少量农户的富余蔬菜供应城镇居民。30万渡江部队的蔬菜供应又成了难解的大问题。时值春季，不是种菜时期，种了也远水不解近渴。幸好无为地区四县城乡民众有腌咸菜的习俗，各地基层渡江指挥所号召每家每户都要送菜给渡江部队的伙房。渡江人员吃着咸菜，佐以黄豆将就，但后来家家腌菜坛都掏空了，连群众家都没有咸菜下饭，只能到田野挑些野菜吃。解放军也只能光吃黄豆了。解放军战士们由于在三四十天里只吃些咸菜和黄豆，少有新鲜蔬菜，导致维生素缺乏，不少战士得了夜盲症，一到天黑就看不见路，这直接影响了部队的训练和作战，而且当时为了躲避国民党空军飞机的袭扰，需要经常在晚间开展演习。部队虽有一些维生素片，但数量不足。第二十七军八十师师长张铚秀把这情况向临江县渡江支前指挥部的指挥长陈汉桢反映后，指挥部立即指示各地指挥所想办法收购猪肝、牛肝、羊肝，送到部队炊事班煮给患夜盲症的战士吃。有的老百姓听说肝能治夜盲症，把自己家的鸡都杀了，给炊事班送去鸡肝。鸡肝虽少，但也表达了老百姓爱护解放军的心意。很快，战士们的夜盲症就消除了，又能进行夜间练兵了。

为了"打过长江去，解放全中国"，在40多天时间里，无为、临江、湖东、无南四县人民群众宁愿自己吃糠咽菜，宁愿毁林砍树，也要保证解放大军的粮草供应，使整个中线渡江部队无后顾之忧地投入紧张的战前练兵中。

筑路挖渠，使渡江大军车船人马畅行无阻

无为地区的四个县地形较为复杂，交通极为不便，东南边的临江县、无南县是平原水网地带，遍布河、塘、沟、汊，交通一般以舟楫为主，商旅、

货运皆依靠船只。而西北边的无为县、湖东县则是山区、丘陵地带，道路曲折狭窄，交通以步行为主，运输则靠肩挑或独轮车。1949年，无为地区仅有一条从无为县城通往二坝的土公路，且晴通雨阻，少有车辆通行。30万渡江大军抵达无为地区四县境内时，人员尚可沿崎岖小道或河埂、塘埂行走，但汽车、骡马、炮车则无法通过，部队战士须行军训练，无暇兼顾架桥、铺路。渡江大军抵达巢县、无为边境时，巢湖军分区支前指挥部就把筑路、架桥、疏通河道任务下达给无为、临江、湖东、无南四县渡江支前指挥部。各

为了支援大军渡江，无南县群众抢修巢县至无为县城公路

指挥部立即组织各区指挥所和乡大队，调集民工数万人投入筑路、架桥、疏通河道的支前工作之中。

为了使渡江大军辎重迅速到达沿江地区，无为县、湖东县、无南县承担修筑巢县至无为县城、襄安至庐江、开城至襄安、襄安至长江大堤等四条六百余里的战时简易公路的任务，指挥部要求每条公路必须达到一丈二尺宽[1]。当时新筑公路是极为不易的工程，这四条公路原皆无基础，又无运输工具，全靠锹挖肩挑，时间紧、任务重，而且国民党空军的飞机时常白天飞来工地侦察、轰炸、扫射，民工们冒着生命危险抢筑公路。有时为躲避国民党飞机的袭扰，民工们利用有月光的晚上挑灯夜战。三个县的数万民工不知洒下多少汗水，有的民工因飞机扫射而受伤，公路上洒下了他们的鲜血。无

---

[1] 丁以龙.岁月留痕[M].北京：中共党史出版社，2012：183.

为县城至巢县的公路有90里长，途经高山和丘陵地区，工程最为复杂艰难，上万民工在无为县渡江支前指挥部指挥长彭醒梦和政委杨杰的带领下，日夜奋战，硬是用锹挖肩挑，克服种种困难，仅用7个昼夜就把这条简易公路修通了。没有任何筑路机

为了使渡江船只顺利进入长江，无为群众在泥汊开挖引河通江

械，全靠人力在这么短的时间内就把公路修好，虽说"简易"，但在当时，这简直是天大的奇迹！

不久，开城至襄安、襄安至庐江、襄安至刘渡江边的三条简易公路也修筑好了。这四条简易战时公路的修通，使渡江大军的辎重畅通无阻，加快了渡江大军的前进速度，也为横渡长江的渡江部队赢得了准备的时间。这充分说明了无为、临江、湖东、无南四县的广大干部群众对"打过长江去，解放全中国"的渴望和他们崇高的思想觉悟。

临江、无南两县为平原河网地带，濒临长江，也是中线渡江大军乘船渡江的出发之地。虽然有不少河、渠、沟、汊通达长江大堤的内堤脚，但有的沟渠较浅，不能通行较大的木帆船，而且不少河、渠、沟、汊并不相连。为了使征集的数千条木帆船有内河港口停泊，同时使战士们能行船演练，必须在有关河道上架设浮桥，疏通内河与港口，开坝断埂，使河、渠、沟、塘相连，水面持平。当时正是春寒之时，而工程土方量大，施工困难，但是在临江、无南两县渡江支前指挥部的组织、动员之下，每日有上万的民工在泥水里打滚，硬是一锹锹地挖，一担担地挑，汗水和泥水交织在一起，英勇的民工们仅用20余天就把无为东乡的河、渠、沟、汊连成了一体，疏河、挖渠总

计 200 多里，为集中船只和水上练兵做出了巨大的贡献①。同时，上起开城、襄安的永安河，下至西河、王福渡、小河口、樊家渡、黄雏河等 10 余处渡口，民工中的木工克服种种困难，为渡江大军车、马、人行架起了 20 余座浮桥。如此浩繁的工程，支前民工也仅用 10 余天的时间就完成了，充分显示了民工们的智慧和创造力。

从此，在四县区域内 30 万渡江大军水陆畅通无阻，河、渠、沟、汊串联一体，任木帆船穿梭来往。

筹集船只，解决顺利渡江的运载工具

在华东野战军两支南下先遣支队先后抵达无为、国民党军队从无为败走江南之时，反动派就深知解放军在淮海战役之后，必然要渡江南进，所以，他们在撤退时就将无为、临江、湖东、无南四县内河中较大的木帆船胁迫驶至江南扣留，妄图延缓甚至阻止解放军过江。但有不少渔民、船工在地下党组织的说服下，或将船只驶入偏僻港湾隐藏起来，或将船只放进石头沉入河底，躲过了国民党军队的掳掠。为达到渡江作战的目的，在缺少现代化渡江工具的情况下，征集渡江船只就成了渡江战役必须解决的大问题。没有渡江工具，"打过长江去"就是一句空话。为了尽快征集船只，无为、临江、湖东、无南四县的渡江支前指挥部分别设立船舶指挥所，专司船只的征集和调运工作，想方设法征集船只。四个县的 18 个区级支前指挥部和 118 个乡支前大队多次召开群众大会，动员船民、渔民积极支援渡江战役，献出自己的木帆船和渔船，听候船舶指挥所调用。

---

① 中共芜湖市委党史和地方志研究室.重返烽火岁月·再现渡江精神（内部刊物）[M].2019：56.

在当时，木帆船、渔船都是船民和渔民赖以为生的生产资料，也是他们的命根子，而渡江作战中有被炸烂沉入江底的危险。开始时，少数船民和渔民还有所顾虑，在各级指挥部、指挥所耐心细致的劝说下，翻身解放了的渔民、船民积极响应，他们纷纷或把船从隐蔽处驶了出来，或从河底、塘底把船只捞出水面。仅仅20余天的时间，四个县就征集了近3000只大小船只，并且不少渔民、船民把船只被政府征用当作一种荣耀。当时无南县马坝乡只有15岁、后来成为渡江一等英雄的马毛姐对征集船只工作十分积极，她不仅和哥哥

无为县土桥船厂木工赶修渡江船只

船民向无为县渡江支前指挥部船舶指挥所献交民船

把自己家的渔船驶到集中点，报名参加渡江突击队，还陪同船舶指挥所的工作人员到她知道的有船的人家，以自家船只已被征用的事实动员船民消除顾虑，将船只交给解放军调用。还有些已被国民党军队胁迫把船驶到江南的船民家人听了船舶指挥所和支前指挥部门的动员后，派人偷渡到江南，找到被扣的船只和守船的船民，与他们商议好趁黑夜冒着危险将船只驶回江北以供船舶指挥所调用。

顾鸿率领的华野南下先遣支队在无南县开展侦察长江两岸敌情活动时，

见国民党军队强迫船民将船只随败军撤至江南，他们马上击退了国民党拉船的部队，解放了船民，将他们的木船留在河汊港内，并说服他们暂时不要航驶外地，以备将来供解放军征用。船民们感激南下先遣支队对他们的解救，而且对横征暴敛的国民党军队十分痛恨，所以他们乐于听从南下先遣支队的安排，接受解放军的保护。这些船只共近500艘，在后来的渡江作战时起到了很大的作用。

到1949年2月，各县渡江支前指挥部征集和南下先遣支队征用的船只共有3500余艘，基本上满足了大军渡江时第一梯队突击队的需求。这些船只移交给巢湖支前指挥部船舶指挥所，由该所统一分配到各军，然后再由各军分配到下属单位，直至排、班。各船和船主也按部队编制，由部队统一管理。

征集舵手、水手，协助部队水上练兵

渡江船只基本落实后，船上的舵手和水手是下一个亟待解决的问题。民船和渔船虽各有船主，但他只是船只的所有人，渔船的船主基本都是能掌舵、划船的渔民，而民船的船主却有很多并不是舵工和水手，平时一条船上也只需一两名水手，大的民船也不过三四名水手而已。而渡江时为了能使船冒着炮火迅速驶抵南岸，因此水手要多配一些，3500条船要5000多名甚至更多的舵工和水手，除已有的舵工、水手外，尚缺数千名舵工和水手。当时群众对解放军渡江作战还存有恐惧心理，国民党反动派在江南岸筑有坚固的工事，且天上有飞机、江中有军舰，解放军能不能在国民党反动派军队水、陆、空立体防御体系下攻破江南防线，有些群众还存有疑虑。况且充当舵工、水手，在炮火连天的江面划船前进，木船岂能经得住炮弹、炸弹的轰炸？会有生命危险。当开始征集舵工、水手时，仅有那些船只被征用的船民、渔民报名。无为、临江、湖东、无南各县渡江支前指挥部得知这一情况后，立即要求各区指挥所、乡指挥大队开展宣传、召开大会进行动员，号召获得解放的四县人民"支援解放军，解放江南人民"，提出了"我们要在支前工作中立下功劳！支前立功百世光荣！""全力以赴，支援前线，将革命进行到底！""支援大军过江，打到南京上海去！"等口号①。针对各种具体情况进行不同的宣传和教育，以提高广大群众的思想觉悟，解除船工、舵手们的疑虑。皖西支前政治部宣传大纲上的第六条，还针对船员们的顾虑给予解释："船夫顾虑把船弄坏，怕长期支前，家中还靠船来生活，这个船若受损坏如何赔偿，平常及支前期间怎样照顾船工船主生活，民工怕耽误生产，等等，政府即有法令公布，定予以保证。"同时各支前指挥部、指挥所在召开群众大会开展说服教育活动时，还请解放军部队的首长讲话。他们现身说法，说明国民党反动派气数将尽，兵心浮动，兵败如山倒，虽然渡江会有激烈的战斗，但解放军在江北岸有数万门大炮，战时会用强大的火力压制敌人，国民党军队不会有太大的抵抗力，突破反动派的江南防线一定会成功。同时，会选择在适当的夜晚渡江，使反动派的飞机派不上用场，军舰也只能瞎打，水陆空实际上只剩下已经厌战的陆军了。通过深入细致的工作，广大群众消除了思想顾虑，船员们积极要求担当舵手、水手，勇当突击队员，不少船员一家就有几个人报名。特等渡江英雄车胜科一家，父子三人和一个堂叔共四人报名担当舵工和水手。一等渡江功臣马毛姐的哥哥已报名担当舵手，参加突击队，但她也非要报名参加突击队。部队考虑到她是个才15岁的小姑娘，就没同意，但她在渡江作战命令已经下达、船只即将离岸时，勇敢地跳上了船，投入激烈的渡江作战中②。

经过动员和细致的工作，短短的10余天里，无为、临江、湖东、无南四县报名参加渡江的舵工、水手即达5000余名。这些舵手、水手都按部队编制

---

① 无为县民主政府.支援及生产口号[A].无为：无为市档案馆.

② 曹道龙.永恒的记忆[M].北京：当代中国出版社，2004：132.

编为连、排、班，然后再由各军编入自己的下属部队，落实到每条船和每个团、营、连、排、班，与部队的干部、战士共同生活，共同训练。在渡江战役开始实施时，这5000余名舵手、水手加入渡江突击部队奋勇向前，不顾枪林弹雨，在漆黑的夜幕下以他们的水上经验掌握船只方向，把一批批的突击勇士送至长江南岸。有的船只被国民党军队的炮弹击中沉，有的舵手、水手中途牺牲，有的父亡子顶，有的兄伤妹上，活着的舵手、水手们毫不畏惧，仍奋力掌舵、划桨，在血与火中继续前进。在渡江战役中，无为、临江、湖东、无南四县就牺牲了100余名舵手、水手，他们的鲜血染红了江水，他们为渡江战役的胜利做出了重大贡献！在渡江战役胜利结束后，无为、临江、湖东、无南四县相继召开庆功大会，四个县共产生特等渡江英雄4人，一、二、三、四等渡江功臣2197人，占渡江舵手、水手的五分之二，足见这些舵手、水手们英勇顽强的大无畏精神。

到1949年2月底，第三野战军（华东野战军改称）第七、第九兵团渡江部队均先后抵达无为、临江、湖东、无南四县地区。在渡江船只和舵手、水手基本到位后，整个渡江部队就开始三四十天的练兵活动。这些参加渡江的部队虽然转战南北、历经百战，打过很多硬仗、恶仗，但渡江作战这样的任务还是第一次，大多数的干部、战士都是"旱鸭子"，乘木船渡江作战缺乏经验。有的人早就听说过长江无风三尺浪，江无底，海无边，长江里还有"江猪"，可以拱翻

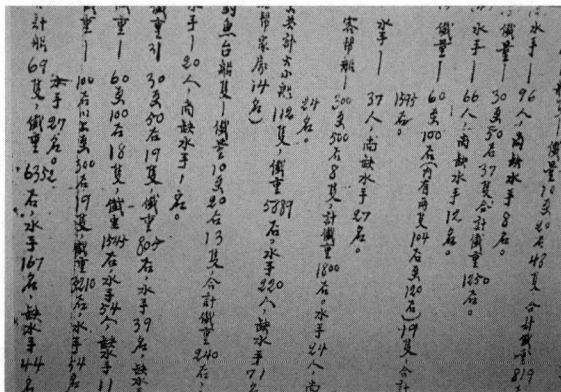

无为县渡江支前指挥部船只、水手统计

木船的传说。所以不谙水性的战士对渡江作战有些畏惧。而被征集参加渡江作战的舵手、水手们都是在水乡长大的，个个都是水中蛟龙、浪里白条。他

们被落实到各基层部队和每条船上后，就开始和渡江部队的干部、战士展开数十天的练兵活动。

在练习登船之前，部队干部请舵手、水手当老师，给战士讲解长江的水情及关于"江猪"的传说。指出：长江虽然水面较宽，但无风也不会翻起大浪，即使遇到大风，只要舵手、水手掌握风向，正确升降船帆掌舵，船是不会倾翻的。而"江猪"只是江中的一种鱼，它更不会与船相碰，拱翻船只。水手们的现身讲解大大消除了部分战士的疑虑和恐惧，增强了其水上练兵的信心。

在练兵开始时，大部分干部、战士是第一次登船，船一划动，他们就站立不稳，心中害怕。训练半天，不少人呕吐、头晕、脸色苍白、直冒虚汗，如同害了一场大病。但经过七八天登船训练，这种恐惧感就消失了，然后进行登跳板上船、划船、升帆、水上观察、水上射击瞄准、夜晚水面识别方向、船只夜间相互联络及夜间登陆等各种技能训练。同时，舵手、水手们还在河里、塘中教干部、战士凫水，掌握游泳技巧。3月，江水还较冷，但干部、战士不顾水凉，只穿裤头就在水里划水、翻滚，呛了水，被水手们拉起来接着再练。功夫不负有心人，10天的工夫，还真有不少人初步掌握了游泳技巧，跳下水也能划水十几米，"旱鸭子"变成"水鸭子"了。当时，国民党空军的飞机还常常飞临河塘上空侦察，对训练人员进行扫射，于是训练只得暂停，人员上岸隐蔽。后来有的部队改成在傍晚或有月亮的晚上进行训练，以防国民党部队飞机的干扰。驻地附近老百姓看到这些干部、战士日夜泡在水里，十分心疼，许多老百姓把在家里烧好的热乎乎的姜汤送到河岸、塘边，让干部战士喝，生怕他们受凉。

为了早日打过长江去，所有参加渡江的部队官兵热情都很高，在无为地区四县舵手、水手的热情帮助下，仅用一个多月，绝大多数干部、战士基本上掌握了从窄窄的甲板上登船、划桨等行船技巧，不少干部和战士还学会了终身受益的游泳技能。水上练兵的成功不仅克服了渡江的畏难情绪及对长江缺乏常识的恐惧，还大大增强了解放军战士强渡长江的信心，也增进了地方上的舵手、水手和部队干部、战士之间的感情。他们在一个多月中同吃同住、生死与共，结下了深厚的战斗情谊。当年在无为渡江时任团长后任北京军区副司令员的肖选进将军回顾渡江战役时说："我们拜无为当地的水手、船工当老师，多亏他们大力支援啊！"①

配合大军预渡长江，侦察敌情

无为、临江、湖东、无南四县人多地少，水田、洲地多，常常破圩、破坝，导致颗粒无收。因此，常年有无为地区四县人口迁徙江南，特别是繁昌县、铜陵县、泾县沿江一带，很多村庄里无为四县的移民比本地人还多。所以，从江北去江南的人，与当地村民非亲即故。这一特殊条件给解放军提供了渡江侦察在江南立足隐蔽的契机。为了实地摸清江南国民党军队的长江防务情况，为即将开展的渡江战役提供敌情和大军渡江时的策应，渡江部队各军都成立了渡江侦察的小分队，要求地方上的支前指挥部提供胆大心细、思想政治觉悟高、常在长江南北来往、熟悉江南地形，并在江南有亲戚的渔民、船工做向导，配合解放军渡江侦察。否则，小分队即使偷渡成功也会因地形、道路不熟，无群众依靠而难以存身。无为、临江二县渡江支前指挥部接收遴选渡江侦察向导任务后，认真了解调查了一些船工、渔民的历史和政治表现，从上千名船工、渔民中，选定了百余名年轻力壮、勇敢果断、不怕牺牲的民兵，以供部队随时调用。

在渡江战役正式打响之前，渡江部队各军一共先后组织了十次预渡，其中八次成功，有两次因到达江南岸时被国民党军队发觉而被迫返回。前九次

---

① 肖选进.从放牛娃到将军[M].北京：解放军出版社，1998：186-192.

各偷渡小分队每次只有十余人或二三十人，向导也只在十人之内。各小分队都是选择在没有月色的深夜，以小船为运载工具，抵达南岸从芦苇丛中登陆。向导认清方位后，迅速带领小分队穿过国民党江岸防线进入密林区隐蔽，再由向导寻到当地亲友接应后化装住下，立稳脚跟。然后再由亲友寻找当地游击队，或与游击队交流情报，或在亲友带领下展开侦察，打探敌军阵地状况、火力配备、兵力部署，适时将所搜集的情报送回江北，以供各军实施渡江作战时参考。

这 10 次预渡之中，规模最大的一次是二十七军渡江先遣侦察大队的偷渡行动。1949 年 4 月上旬，二十七军成立了渡江先遣大队，由二四二团参谋长亚冰（章尘）任大队党委书记兼大队长，侦察科科长慕思荣任大队党委副书记兼副大队长，车顺吉任教导员、党委委员，队员有 300 多人。为配合渡江先遣侦

待命出发的渡江先遣侦察大队侦察员和船民向导

察大队的行动，无为县、临江县渡江支前指挥部选调了 30 余名熟悉江南情况的渔民、船民、民兵组成向导排[1]。

同年 4 月 6 日深夜，先遣侦察大队分成两路，分别由临江县的石板洲和新沟起渡，先后在江南岸黄公庙、十里场、金家渡、北埂王家一带登陆，在向导排人员的带领下绕过江南国民党军队的防区，深入山区隐蔽，然后

---

[1]曹道龙.中国共产党巢湖地方史[M].合肥：安徽人民出版社，2003：356.

在向导排亲友的引导下，与当地的游击队取得了联系。渡江先遣侦察大队在游击队和向导排亲友的帮助下化装活动，侦察国民党长江南岸的防区，不断将所得情报通过电台密报二十七军军部。经过周密侦察，先遣大队获得国民党第 88 军防线缩短、战斗力相应加强的重要军事情报，并于 4 月 18 日电告二十七军军部，军部速报位于无为县石涧埠的解放军中线渡江部队指挥部，指挥部再报位于肥东县的渡江总前委，总前委立即报告中央军委。这个重要情报成为中央军委研究决定中路渡江部队提前于 4 月 20 日晚发起渡江战役的重要依据[①]。《渡江侦察记》就是以这支渡江先遣大队为原型而拍摄的电影。侦察大队的干部和战士出生入死、英勇机智地与国民党反动派军政人员周旋、斗争，令人敬佩。遗憾的是那 30 余位从无为、临江选调的，与先遣侦察大队同舟共济深入虎穴的向导排民兵却没有得到宣传和报道。在先后 10 次偷渡长江的侦察战斗中，那百余位为解放军偷渡做向导的船工、船民、民兵默默地为渡江战役的胜利做出了杰出的贡献，虽然他们没有被记述于书报中，没有出现在影视剧里，但他们是真正值得人民纪念的无名英雄！

倾全境之力，确保大军渡江

　　无为、临江、湖东、无南四县原属一个无为县，抗日战争时期为避开日伪军的封锁和便于开展抗日斗争与方便交通，暂时分为四个县。无为县是一个具有光荣传统的老区县，早在 1927 年土地革命战争时期就成立了中国共产党的组织。1930 年，中共无为县委领导了著名的"六洲暴动"，建立过中国工农红军皖南第三游击纵队，成立了无为县苏维埃准备委员会，打乱了国民党反动

---

① 曹道龙.中国共产党巢湖地方史[M].合肥：安徽人民出版社，2003：356.

派在无为的统治秩序。后来虽然暴动失败了，但锻炼了无为人民的意志，扩大了党在人民群众中的影响。抗日战争开始后，无为县很快就成了皖中地区开展抗日斗争最激烈的地区。不久，新四军江北游击纵队、新四军第七师和中共皖江区委、皖江行政公署、皖江参议会均先后在无为县成立，无为县成了皖江抗日根据地的中心区。所以，无为地区的广大人民群众有着较高的政治思想觉悟和组织基础，他们盼望着翻身解放，有积极支援人民解放军"打过长江去，解放全中国"的强烈愿望。

1949 年 2 月，当中国人民解放军中集团渡江部队乘淮海战役胜利雄风抵达长江之滨时，无为、临江、湖东、无南四县人民也迎来了摆脱国民党反动派残酷剥削压迫、翻身解放的第一个春天，人们欢欣鼓舞地分得了土地，正满怀信心为筹建美好家园而准备春耕生产。2 月下旬，中共皖西四地委、四专署、四分区先后在无为成立。为便于集中精力领导四县人民群众支援渡江战役，由党、政、军三方联合成立了巢湖军分区支前指挥部，接着，各县区也相继成立了渡江支前指挥部、指挥所，各乡成立了渡江支前大队。各指挥部、指挥所提出当时的一切工作都是"为了支前"，号召四县民众"节衣缩食，支援解放军！""解放大军过大江，我们百姓打老蒋、缴公粮、抬担架理应当！""全力以赴、支援前线，将革命进行到底！""紧急动员起来，支援解放军！"有着深厚思想基础和组织基础的四县民众积极响应，他们在四县各级支前指挥部、指挥所的领导下，立即投入轰轰烈烈的支援渡江战役的准备工作之中，倾全境之力，从人、财、物等各方面义无反顾地帮助解放军"打过长江去，解放全中国"。

按照各县渡江支前指挥部的要求，凡年龄 18—35 岁的青年均参加担架队、筑路队，36—45 岁人员参加运输队，46 岁以上人员担任递步哨（交通员）、盘查哨，日夜站岗放哨；10 余岁的少年参加儿童团，负责给部队人员和外地民工带路等力所能及的工作。支前民工为适应战时需要，均实行军事编制，以乡为单位成立大队，乡长任大队长、副乡长任副大队长；以行政村为单位成立中队，中队下设分队，每个分队下设 3 个班。^① 只要支前指挥部的任务一到，这些中队、分队的队员们立即在大队长、中队长、分队长的带领下出动，全力保障支前工作不受影响。按当时无为、临江、湖东、无南四县总人口 86 万余计算，此年龄段的人应不少于 40 万人。以商业、手工业为主的无为县城仅有 1 万余人口，但亦有 6515 人参加实际的支前工作。^② 单就每日供应部队成品粮 45 万斤、柴草 120 万斤的运输任务，就得有数万人参加。架桥、修路、挖渠、疏河，每日亦得有数万人参加，还有数千船工、舵手帮助渡江部队水上练兵，可以说，除了老、少、病、残者外，四县人民都投入了轰轰烈烈的支前工作。据不完全统计，四县共有 100 多万人次参加了连续 40 余天的渡江战役准备工作。当时虽然不是春耕生产的大忙季节，但还是要做一些翻田、上肥的备耕工作，尽管对农事有些影响，但广大的农民群众也在所不惜，只要支前指挥部一声令下，他们马上就会放下手中的农活，投入支前工作。城镇的支前工作人员也不顾对家庭收入的影响，全心全意地完成分配给他们的工作。这些都充分说明了四县人民群众政治觉悟之高和不惜自家利益受损的奉献精神。

无为、临江、湖东、无南四县是闻名遐迩的鱼米之乡，但每年 2—3 月也是春荒之时。农村各家各户所剩的粮草也都不多，除一些富裕的大户之外，大部分农民仅能勉强糊口，等待午季麦收。而此时猛然增加了相当于四县三分之一人口的粮食需求，这确实是对四县人民群众的重大考验。此时，共产党领导的地、县政权的建立时间也不过半年，虽然获得了人民群众的支持和拥护，但没有发行自己的货币，更没有自己的银行，渡江大军和随军南下的北方民工必须有粮草供应。这些物资如何筹措呢？各县渡江支前指挥部采取

---

① 葛瑞常.安徽文史资料全书·巢湖卷（上）[M].合肥：安徽人民出版社，2007：582.

②中共无为县委党史研究室.无为县革命斗争大事记（内部刊物）[M].1999：150.

了一借二预支的办法向人民群众筹集粮草。即一是向民众团体和有关单位出具借条，待以后偿还；二是由四专署印发代用券，即粮食代用券和柴草代用券，向农民和商家购买粮食和柴草，农民可用此券在秋后抵交应缴纳的田粮赋税。无为、临江、湖东、无南四县县政府颁布了《皖北巢湖行政区人民专员公署三十八年度公粮合理负担条例》，规定"每亩起征公粮田赋16斤"。

当时解放军尚未过江，国民党反动派还占据半壁江山，胜负未决，可是无为、临江、湖东、无南四县人民群众对解放军能够"打过长江去，解放全中国"深信不疑，对共产党打垮国民党反动派的统治持有必胜的信心。他们在各县渡江支前指挥部的宣传和"节衣缩食、供应大军"号感召下，毫不迟疑地将自家所剩不多的粮食与柴草预支或借给解放军，宁肯自己吃糠咽菜，也要保障对解放军的供应。城镇居民也勒紧裤腰带少吃一点、吃稀一点，把多出来的粮食借给无城区渡江支前指挥所。《无城地区借粮统计表》显示，无为县城区两次向渡江部队借出粮食总计10464216斤。一个不生产粮食的县城在春荒季节借给渡江部队上千万斤的粮食，这是对渡江战役多大的支援啊！县城的慈善团体"万字会"向居民募捐了13200斤粮食送给部队，表达了自己的心意。无为县商会也向渡江部队借出了4837190斤粮食，以表示商业界对渡江部队的支持。

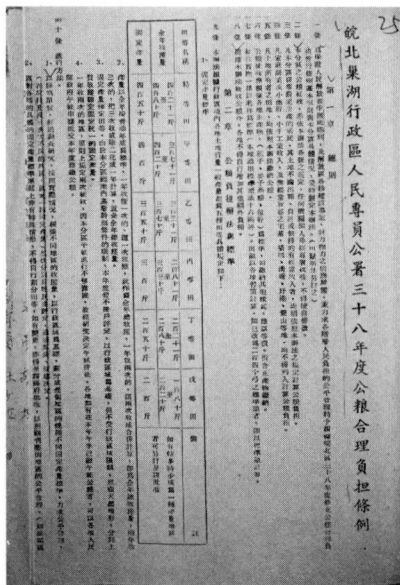

《皖北巢湖行政区人民专员公署三十八年度公粮合理负担条例》局部

为了准备渡江，各船船头都架起了机枪，必须用湿棉絮做掩体，以防止国民党部队的机枪扫射。各级渡江支前指挥部、指挥所接到指示，要迅速在民间征集棉絮、麻袋、麻绳、毛竹等物品，麻袋等物品尚易取得，唯独棉絮极难征集。当时四县的广大人民群众都比较贫穷，很多农民家中两代人只有一条棉褥，一张床上睡了三四个大人小孩，合盖一条被，很少有人有多余的被絮，而且渡江时间还是春寒时节，被褥也抽不出来。但各县基层渡江支前指挥所与乡政府、行政村工作人员硬是走村串户挨家动员，说明棉絮对减少渡江部队人员伤亡的作用。无为、临江、湖东、无南四县人民不愧为老根据地的群众，他们觉悟高、识大体，盼解放翻身，竟然在短短的20余天里借出了数千条棉絮，他们自己宁愿受凉，也要保证大军顺利渡江。这数千条棉絮代表了数千户民众的心愿，它们在渡江作战中发挥了应有的作用。渡江战役后，巢湖军分区支前指挥部（前身为皖西四分区）指示无为等四县指挥部："借用民间之木料、棉絮、毛竹、麻袋、麻绳等可按主观力量及其家庭情况酌量赔偿，但不一定全赔或延期赔偿，因财政力量有限，此点应向群众好好解释。"借出此类物品的群众没有一句怨言，因为他们认为大军过江了，江南解放了，他们的目的也就达到了。

1949年4月20日晚，渡江战役发起后，第二天就有连续不断的担架队队员抬着伤员从无为县城经过，送往西北乡间的野战医院。天黑之后还有担架队经过，由于没有路灯，担架队队员走路很慢，不方便。此时有几户居民在大门口放一小凳，凳上放着点燃的油灯，为担架队引路，并且还放上一木桶开水，供担架队队员解渴。不久，整个街上各户的门口都点起了油灯，有的人家也放上一木桶的开水。这件事没有各级指挥部和城镇机关的指示、打招呼，纯粹是居民们的自发行动。得民心者得天下！这就是民心，是人民自觉支持渡江战役的心声。

解放军胜利横渡长江之后，整个长江流域春雨绵绵，皖江地区进入梅雨季节，长江水位猛涨。渡江之前，为了便于水上练兵、隐蔽船只和渡江时能快速将木船拖过江堤进入长江，将一些内河堤埂挖断，河塘连通，长江大堤也挖开了4个通道。为了防止长江汛水进入内河，无为、临江、无南三县又紧急动员广大农民群众修堤补埂，每天有数万民工上堤辛苦劳作，赶在大汛到来之前将这些江河堤坝修补完工。到五六月份，无为、临江、湖东、无南四县经常大雨滂沱，以致发生严重的水灾。幸好长江大堤修补完工，江堤尚能抵御长江洪水。但当年四县内涝仍旧严重，四县1312497亩田地，有371084亩颗粒无收，受灾人口179208人，349个圩（洲）溃口，439个圩（洲）严重内涝，是1931年以来最大的自然灾害（1931年是长江流域最大的水灾，无为长江大堤破坝，四县一片汪洋）[①]。

为了支援大军渡江，无为等四县耗尽了财力、物力，不少农户接近断粮断炊，而借给解放军的粮草和抵交秋季田赋的代用券一下也兑现不了。在严重的自然灾害面前，四县各级党委和政府高度重视，立即制定了五项补救措施，以帮助灾区群众度过灾荒："1.组织群众开荒、种菜、编席、织布、下河挖藕捕鱼；2.抽调干部深入重灾区了解情况，发放救济粮；3.实行以工代赈、兴修水利，发放80万元农业贷款；4.干部自己动手，开荒种菜，以减轻群众负担；5.互助互济，种子互调。"[②]四县的广大人民群众还像支援解放大军一样咬紧牙关，不怨天尤人，他们在各级党委和政府的领导下，积极响应政府的号召，奋力生产自救，终于度过了这雪上加霜的日子。1949年7月1日，根据上级指示，无为、临江、湖东、无南四县合一，成立中共无为县委和无为县人民政府，四县的人民群众在统一的党组织和政府的领导下迎接中华人民共和国的诞生。

渡江战役是解放战争时期中国人民解放军继辽沈、淮海、平津战役后又一项重要而特殊的战略行动。1949年4月20日20时，中路渡江大军在没有制空权和舰艇的支援下，在茫茫夜色中从临江、无南两县的江岸乘木帆船强渡天堑长江，最先突破了国民党反动派军队苦心经营三个半月之久的长江防线，打破了国民党反动派妄图划江而治的美梦，彻底宣告了国民党反动统治

---

①中共无为县委党史研究室.中国共产党无为地方史（内部刊物）[M].2002：217.

②中共无为县委党史研究室.无为革命传统教育读本（内部刊物）[M].1997：65.

的灭亡，全国人民翻身解放和中华人民共和国成立指日可待。中路渡江大军最先胜利突破国民党长江防线，使国民党军队军心动摇，也为东路和西路渡江大军创造了有利的条件。

中路渡江大军能最先发起渡江战斗并成功夺取江南阵地，无为、临江、湖东、无南四县广大人民群众功不可没，是他们在 40 余个日夜里和解放军干部战士同甘共苦、不惜一切、倾力支援，保证了渡江大军的各种需求，使渡江大军毫无后顾之忧地进行军事训练和作战

在长江北岸无为县，参加渡江作战的部队通过当地群众搭起的"横渡长江胜利门"

准备，最后能以饱满的革命豪情投入激烈的渡江战斗中。

冒着枪林弹雨、不怕牺牲护送解放大军强渡天堑的 5000 余名船工、舵手的战斗意志和四县人民群众忘我的奉献精神将永垂史册！

（蒋克祚）

文献·文物

文　献①

关于支前工作的指示②

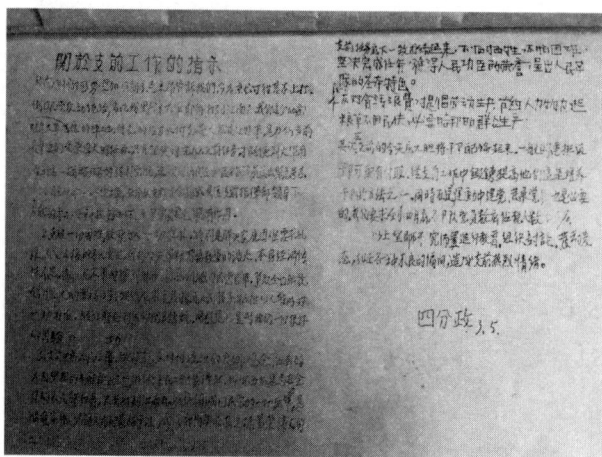

《关于支前工作的指示》原件

目前胜利的形势更加明朗了，毛主席告诉我们，今冬就可从基本上打倒国民党反动统治，为此我野战大军即将打到江南去。我们这个地方则是大军前进的阵地，将来的后方如何支援大军渡江进军，是我们当前的光荣伟大的

---

① 本章内容大多为历史文件，为了能呈现文件原貌，除对个别文章的体例、文字稍做调整，其余均按原样呈现。

② 革命历史档案：永久：90-8：第1[A].无为：无为市档案馆.

任务，只有坚决的完成支前任务，才能便利大军南渡的这一战略任务的胜利完成。这里，我们向全分区指战员发出紧急号召：

1. 服从命令听指挥，在分区支前司令部或县区支前指挥部领导下，勇敢的参加各种战勤工作，干部党员要起带头作用。

2. 克服一切困难，放弃个人一切要求，特别是解决家庭困难，要求批粮，不交公粮，等等要求。因为今天军粮需要数量的浩大，本身经济条件不足，为谋求大军的胜利南渡，彻底消灭国民党匪军，争取全国解放，好过永久的幸福日子，我们应高度发扬为人民服务，牺牲个人暂时的一切利益，服从整个利益的优良传统，同样，这也是对我们一个很好的考验。

3. 支前中为人民立功做模范，反对怕渡江的家乡观念。江南的人民盼望我们去解放他们，同时，将来民工都要渡江，何况我们是志在全国的人民警卫员，只有打到江南去，彻底消灭国民党的一切匪军，才是保护家乡，保护人民的最好方法。所以，我们要求在这样光荣伟大的支前任务下，一致团结起来，不怕牺牲，不怕困难，坚决完成任务，获得人民功臣的荣誉，显出人民军队的基本特色。

4. 反对贪污浪费，提倡劳动生产，节约人力物力，起粮草不用民夫，必要时帮助群众生产。

其次，在支前的今天，应大胆将干部配备起来，一般的连排干部可配有副职，从支前工作中锻炼提高他们，这是培养干部的方法之一。同时，在这个运动中建党，发展党员也是必要的。我们要求到四月底，各部队党员数应占总人数的25%。

以上望即研究布置，进行教育，组织讨论，发动表态，纠正各种不良的偏向，造成支前热烈情绪。

四分政

3.5

四地委关于反无组织无纪律无政府状态之检讨及今后表态向区党委的报告①

（1949年1月11日）

（一）

去年5月在我党中央对1948年的工作指示与整党的文件时，提出整顿克服无组织、无纪律、无政府状态，体会不深刻，仅仅的看作一般任务，但也认为很适合于四分区，当时党的组织情况是：上下脱节，政策决议贯彻不下去，已决定不准乱杀人，乡里还在乱杀，个别县委同志、不服从地委，看不起地委领导，自来一套，因之在会议上传达；作为整顿下级领导的一个招牌，而后在8月间该到党中央总结自卫战争、提出第三年的全党任务，其中第五项提出，在组织上克服无组织、无纪律、无政府状态，及思想方法上克服经验主义，认为四分区的党组织，更主要的克服经验主义，与建立党的组织提高党的质量、政治水平，与端正作风问题，因为当时各县的领导关系，已初步改进，稍为满意，另方面对当时作风不正脱离群众，及领导无能，搬弄旧经验，感到很严重，因之，对克服无组织状态，在思想上没看成是主要的，另方面，把思想方法、品质作风认为是主要的。

区党委扩大会之决议，参加会议同志，因情况始终未传达。西汤池彭政委提出应严格的足够的认识四分区的无组织、无纪律的严重情况，及区党委提出四分区的党，在无组织、无纪律的表现上，已经登峰造极。思想上震动很大，而后学斌同志来作了正式传达，并提出具体内容，介绍了豫皖苏的整

---

① 中共巢湖市委党史研究室.巢湖市中共党史资料选编[M].合肥：安徽人民出版社，1998：285-291.

个无组织的情况，及大后方全国全党整个无组织的情况，才重新认识这一问题的重要。

1. 深深感到全党在组织性纪律性提高了一步，党的质量更为坚强，相比之下，深刻感到四分区的党，在四地委领导之下，在这一方面，已经大大落后于全党一步，这就会造成这个地区党的损失。

2. 用这一观点，从组织性上检查了四分区、四地委、各县委、区委，感到全党严重的脱离群众，降低了党的水平，使党变为庸俗的帮会集团。只有抓紧克服无组织、无纪律、无政府状态，才能提高党的质量，贯彻党的决议，密切党与群众的关系，挽救一批干部，也就是说提高党的质量，提高党的领导，加强党的组织性、纪律性是一个关键。

（二）

检查起来，四地委存在的无组织、无纪律、无政府状态是严重的，有以下的表现：

在政策方针决议的执行与贯彻方面：从地委本身来检查，春3月间得到中央对土改的策略指示时，中农不动，在执行上表现了动摇，一是强调了雇农的要求，一是迁就了下面已造成的既成事实，没勇气与魄力坚持执行这一指示。当时"扫荡"情况严重，企图迅速分田，以便迅速依靠群众，是主导思想，这一错误一直打击着群众生产情绪，对既得土地感到不固定，还要补偿中农，还要重分，使巢南山地、麻地，大部分没有翻土施肥，及全区荐地还很多没有翻。

在地委内部，地委委员也同样有不执行地委会决议，及改变方针的情况，如对吸收硬币的决议，对硬币的价格问题，对本币贬值后对本币的方针问题，表现执行不力与修改，如个别部门对地委会10月初决定的工作重点，以对本分区土顽为主,对外联络为次,始终没很好扭转。

从各县检查,县委一级干部打人,区乡干部打人及乱捆乱罚乱捉现象仍然存在,甚至前两个月,湖东临江区暗杀了3个人,事先不请示,事后还不认账。

地委县委在执行制度上,仍然是个人超过组织,任意开支浪费,区乡村浪费及贪污是较普遍。

这些政策观念模糊,忽视个人超过组织,修改党的方针决议或不执行,造成了货币工作,及敌伪工作上某种程度上的损失,及严重脱离群众,及自行破坏政策的情况。

在组织观念与纪律性方面:对上级党的批评持抵触、抵抗态度,自己找上级的毛病来作借口,否认上级的批评(如区党委要我们检查有否本位,我们提出区党委对四分区的财经工作是消极的,要任务,而不是积极有指导,四地委如何克服财经困难),不去体会上级党委批评意见的精神和实质(如不准下级喊叫的基本精神,是要下级党委能够较积极主动的克服困难完成任务)。

对上级党因批评抵触,不作冷静的自我检查,而后把检查提交上级党委而自由主义的议论上级,对党不负责态度,对上级党委和除敌情报告经常外,其他情况是想起来就报告,不随心就不报告,认为有上级党委了解就不作书面报告,报告更多是消极反映情况,积极依靠上级,自己不分析,不从自己力量方面提出积极办法来。

对上级要请示,除一般方针政策外,干部升迁任免,对县一级干部就自行作主。

对上级党有人事观点,总是对某些干部就重视,对某些干部就轻视,没有认识是一级党委的代表。

总之,把上级党委看作是解决困难,用上级党的力量,来帮助我们来开展这块地区(本位主义),不如意就不高兴,是依靠观点,不是对上级党的尊重负责观点,把上下级看成是人事关系,而没有看成是上下级的组织关系，下级是对上级负责的有机组织，每个人是组织成员。

对执行任务时，老是想要上级给予解决一定困难，制造一定条件，而不是先依据实际情况，自己想出积极办法来完成任务。

在地委本身，主要负责干部，自己代表组织，提升县委一级干部，及个人处理时，超过组织范围，情况较多，地委委员有时是把自己看成是组织外边的人，因之共同负责，整个组织观念，对党委负责，把党看成是这块地区的领导核心，这些观念，是有些模糊。

地委会对下级组织无纪律混乱现象，只作一般号召，一般批评，没作明确表示，及时处理，特别是在原则问题上显示稳定性和明确性差，为环境为了设干部而迁就，造成了下级的是非观念模糊，对严重地违反原则纪律问题熟视无睹，表示无能为力。

本身质量低表现是原则空气不高，对一些拆白党、三番子、土顽人物当宝贝，下委任允许当县长，给大量百货，实际是内部有些不同意见，但不进行争论。

各区委严重的无组织、无纪律表现：不执行命令，临江6月份调人的命令，直到年底没执行，调给无南指标，临江湖东没完成，调人受训，调通讯员，湖东一再拖延。破坏群众纪律，群众观点极薄弱，吃粮不给米票，用米票换酒，烧草不给草票，用草票换挂面，打骂群众，三二人走路要民夫背行李，上街买菜带民夫，吃粮民夫送，严重浪费民力，搞女人利诱及威胁通奸，强迫结婚、聚赌，输了打老百姓家具（护商队人田兆圣）过节时发动群众慰劳自己，大吃几天（银屏×乡），贪污浪费，一个村敢于贪污40石米，平均一个县，村一级浪费约在千石之谱！这是一种变质的倾向。干部不服调动，有的要求组织服从个人，对组织大发脾气，威胁侮辱，要求组织负责干部检查领导态度，自己拒绝检查自己，个人高于一切，个人意见达不到就"不干了"，这种说法很普遍。更严重的反党反组织行为，如和含个别同志不承认四地委领导，自称是桂林栖同志的关系，对地委指示撕毁，对其他同志表现了组织观念时，大骂忠实四地委、四地委的走狗。

（三）

检查原因上：在客观上。

开展快，组织工作没赶上工作发展，到12月才有组织部，至今没有政治部主任，及党的组成是基于一部坚持的党，及南下的党，其中政治水平、作风习惯、各种锻炼、修养基础不同，其中又分成华东、华北，华东又分成原来坚持，与后来南下，南下又分先后，其中再分军队地方及历史关系，先来者居上，后来者不服，华北又有原来坚持鄂西与新南下的，因此质量参差不齐，下层大部为抗战时期的干部，80%自首过，旧经验，不正确观点，庸俗作风，长期脱离党的教育领导，在四分区占了压倒优势，县委以上干部，几乎全部没参加土改与整党。

在地委本身上：

自提出所谓"反蒋反美游击战争"，在半年过程中，群众观念，敌我界限，何谓统战，何谓可利用人士，混淆不清，为了统战联合，拉关系，忽略了群众利益，敌我界限模糊，因之，一些较为原则问题，考虑少，迁就多。

因游击环境，急于开展立脚，对能开展能坚持及能起一些作用的干部与人员，便采取了迁就，不愿作严格处理，是某种程度的利用观点、经济观点，干部对待下边，没估计到这些错误行为，在政治上、原则上，对党的损失与影响，没看到干部的整顿与提高，与工作开展，同坚持是一致的，这种错误观点，是当前一切下级造成恶果的总根。

四分区成立迟于各分区，本钱小，而发展快，控制区人口占皖西几乎50%，而武装的200余的底子，发展到号称3000，又完成了服装任务，供给了将1万余人的粮食及将近一万七八千人的服装，于是头脑昏昏然，功臣自居，思想上一切从四分区出发，对上级党作要求，愿意听奖励，不愿听批评，对片断的批评，认为是抹杀了功劳，愿意听奖励，不愿听换整，功臣情绪抵触了自我检查，认识客观，认识自己思想，没有看到工作的成功，首先是党的方针政策的胜利，是区党委指导方针的正确，是全国战场的英勇战士牺牲流血，及本分区群众战士的英勇斗争形成的，地委领导，只是在这几个基本条件下的一定作用。

这种以四分区为主，不顾全局作要求，是本位（这不是对上隐瞒，对华野打埋伏，有私心的本位）。

以上几点是四地委领导思想，初步检查，这种原则性不高，对下是一定程度的利用观点，对上的功臣傲上的情绪是造成了无组织无纪律的几点思想根源，而这种思想观点的继续发展，会把党的质量降低，成为庸俗的人事集团，组织脱节，造成以四分区为主的独立国。

（四）

今后为了克服无组织、无纪律、无政府状态，迎接即将到来的全国胜利形势，党的方针政策必须更加统一，党的组织纪律必须更加提高，才能保证最后胜利，地委坚决地表示：

一、对上级严格执行请示和报告制度，凡是工作方针及政策性的问题，一定经请示后坚决执行，每月向区党委作一次中心任务执行和一般情况的综合报告，明确不愿向上级作报告的思想，实际是拒绝上级领导的思想，克服把写报告看成是"过关""应付""负担"，写报告前党委应开会漫谈，分工执笔，虚心慎重研究，要求报告内容的真实性，从写报告中提高总结经验，加强领导能力，并注意防止文牍主义，报好不报坏，报喜不报忧，推卸责任的现象产生。

报告分工，敌情变化，对敌军事斗争及有关军事问题，由张义成同志负责，财政经济方面，收税大项，财经概况，对敌经济斗争等问题，由赵孟明、陈力生二同志负责，党群工作由张世荣同志负责，联络工作由顾训芳同志负责，综合报告由陆学斌同志负责。

克服对上抵触情绪，反对独立国思想，对指示文件力求研究，领会其精神实质，坚决的、不打折扣的执行区党委各项指示。对上级的请示，注意克服单纯喊叫，消极反映情况，依靠上级力量，解决本地区困难的偏向，而是要经过讨论，订出方案，积极克服困难，完成任务的精神向上级请示。

二、地委本身，每个委员要充分认识是党委一员，除了部门工作以外，要关心整个党委工作，提高原则性，加强团结，反对不关心整体，各自为政，旁观说风凉话的不负责现象。

地委决定的议案或指示个别委员只有提意见修改权，没有不执行权，修改的权力，在原决定的组织，提出每一中心任务后，各委员应决心贯彻检查决议之执行程度，每一段落工作要有明确计划，确定中心任务，克服事务主义、忙于写小条子现象。

对重大问题，各委员应有明确态度，反对模棱两可的向下级讨好、推卸责任等恶劣作风。

地委、专署、分区、分政下达文件、布告及政策性问题，应冷静的反复的审查，准备反复修改，不准心血来潮，草率从事，重要的应摘要报区党委审核。

干部配备上，县团级干部，提升任免，要请示区党委、军区审查批准，区营级干部，经过地委、分区、分政审查批准。

三、地委对下应督促各县委向地委每月作报告，第一步要求有报告，第二步要求报告有内容，有分析，实事求是，能提出问题，能总结经验。

对下应抱严肃态度，认真克服自由主义迁就放任、庸俗态度，展开批评与自我批评，及认真及时的克服目前严重地存在的脱离群众，贪污腐化，破坏政策。除个别变质犯法行为，及时予以处理执行纪律外，一般采取治病救人方针，给以改造教育机会。

具体办法，地委除开办训练班，分政办了突击性的查整班，来整顿干部思想作风外，并在地委扩大会上，地委以自我检查的精神作报告，来推动各县委，于旧历年底前，认真的检查县委本身的无组织、无纪律、无政府状态，结合 2 月份整顿组织机构，整理财政工作贯彻下去。

给各级支前指挥部的一封信[①]

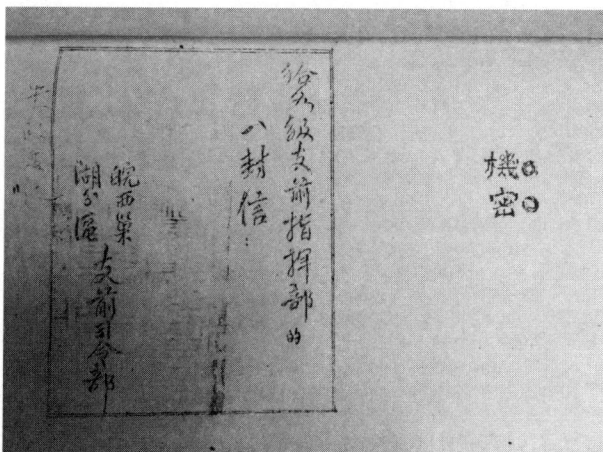

《给各级支前指挥部的一封信》原件局部

亲爱的同志们：

我们征粮任务，根据你们的工作回报和此次支前司令部去各地巡视工作的负责同志们回来谈，支前司令部认为各县征粮工作的成绩是很大的，在大多数的县份里，大部分的地区征粮任务已接近完成了，我们全区已经征起粮食为 2000 万斤，这对支援战争的贡献是多么重大啊！

这重大成绩的获得，支前司令部认为，这是我区人民政治觉悟的普遍提高，和我全体同志战争观念的普遍加强，积极工作的结果。

但是，我们丝毫也不能骄傲，应该知道我们的支援任务还是比较长期而艰巨

---

①革命历史档案：永久：90-8：第2[A].无为：无为市档案馆.

的，还有许多工作没有完成，很多任务急待我们去做。同时，我们一点也用不着瞒昧，在我们征粮工作当中，由于某些老同志在思想上对战争观念和群众观念的一致性认识不足，对执行政策完成任务的工作方法还不具体，工作作风上还不够深入细致。因之，我们的征粮工作，其中还产生了不少的缺点，表现在：

一、在动员口号方面：正由于某些同志在思想上对战争观念和群众观念的一致性认识不足，于是，就把战争观念和群众观念在思想上矛盾起来，分割来看。他认为强调群众观念就会妨碍战争的支援，要支援战争就不能强调群众观念（当然狭隘的群众观念是应该反对的），在这一矛盾和分割的当中，产生了一些不正确的过"左"的思想。由于这一思想的支持，便提出了一些错误的过"左"口号，例如"每人只留两月粮""支前不谈民主""不硬干即不行""交不上粮以军法论罪枪决""少一粒粮割肉补秤""宁饿死一个行政村，也不能饿死一个解放军""交不上粮拿头来见"……这些错误的口号，支配着某些干部的错误行动，造成了不少群众的恐怖和对我的不满。这些口号支前司令部认为是很不正确的，它会使军民关系分离，政民关系疏远，长此下去，必致造成长期支前的严重困难局面。因此，这些错误的口号，必须立即废除，并向我们的干部耐心地进行说服教育，对群众作些必要的检讨解释，只有这样做，那才是正确的。

二、在工作方式方面：正由于我们的某些同志在这些严重偏向的继续发生，必须从领导上彻底转变我们的工作作风，发扬集体领导，对政策必须通过会议认真讨论，然后执行。对问题须经大家研究，然后处理。发挥组织领导，发挥党委会的作风，特别是对我们派到各乡的政治干部（乡书）更须注意培养其威信，发挥其作用，并责成他们掌握政策，在政治上要负责任。

亲爱的同志们！战略性的支前任务刚刚开始，今后的任务还重大艰难，我们工作中的偏向是十分严重的，我们要对战争要对人民负责任，这些问题是实在不能忽视的。我们必须以最大的革命毅力将所有的偏向纠正过来，又必须以最大的决心将我们的工作作风转变过来。

同志们！无数的群众在瞻望着我们，更重大的新的革命任务在要求着我们！

最后，希望各县、区、乡争取时间开个会，专门研究一下，讨论一下，并汇报我们。

此致

敬礼

夏　戎　陆学斌　赵孟明　彭光福

三.廿一

关于成立支前船舶指挥所和召开各县船管科长会议的命令①

（三月十二日上午六时于开城桥本部秘字第一○二号）

为了适应整个支前需要，及时的统一的供应部队船只，本部特决定成立东线船舶指挥所，并委任陈化群同志为指挥长。该指挥所之职权，为统一调动使用临江、无南、无为三县船舶管理科之一切船只，并有权调拨上述三县民工与一切器材，修整沿江一带工程。

为了有系统地成立东线船舶指挥所组织，特决定十三日下午一时在无城南边新河口我工程科住地，召开各县船舶管理科正副科长会议，以便研究整个船

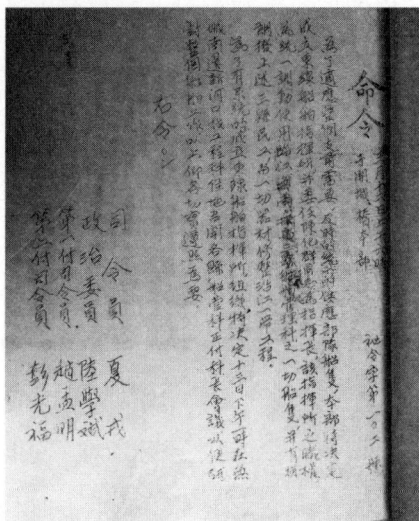

《关于成立支前船舶指挥所和召开各县船管科长会议的命令》原件

———————

① 革命历史档案：永久：90-8：第5[A].无为：无为市档案馆.

舶工作，以上仰各切实遵照为要！

右令

司令员　夏　戎

政治委员　陆学斌

第一副司令员　赵孟明

第二副司令员　彭光福

关于支援大军向南进军和宣传胜利的通知①

无为县委：

区党委来电，由于大军胜利渡江，南京、安庆、繁昌、铜陵、无锡等均告解放（山西太原于廿三日亦解放了），本分区之全体华支干部应即日集中，调赴江南执行支前任务。

你县华支干部希按照地委昨发指示，调集介绍回地委。华支干部在这一段工作中，对我们帮助极大，你们在他们离开前，应组织欢送，相互善意地提意见，尤其要帮他们动员一些炊事员及几个通讯员给他们，解决他们向江南行军中及工作时之实际困难。至盼！

大军向南大进军，捷报不时传来，你们应通知各城镇各区乡，在要道口广设墙报栏，迅速地贴上或写上引人醒目的

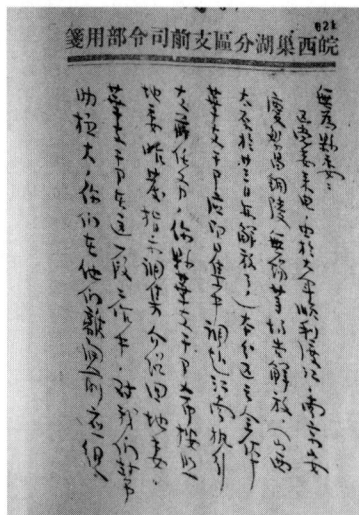

《关于支援大军向南进军和宣传胜利的通知》原件局部

---

①革命历史档案：永久：90-8：第21[A].无为：无为市档案馆.

胜利消息，鼓舞群众继续支前的热情，有些市镇可开祝捷会宣传。你县最近的工作情况希报告我们。

敬礼

陆学斌

四月廿五日

组织部长联席会议关于今后组织工作几个具体规定[①]

（四地委组织部1949年1月23日）

为适应全国战局胜利形势的发展，与党的每一时期方针任务下面，同时为正确执行区党委《关于目前干部工作决定》和彻底实现，这次组织部长联席会议所讨论的本地区今后组织工作几个具体规定如下：

甲、整党工作。

一、方针：既往不咎，严格今后，交出贪污果实，作为改造自己转变的起点。

二、整党以达到改造干部与培养干部目的。

三、整党内容：以三查为主（思想、工作、作风）

1. 思想重点：以功臣观念、享乐观念、贪污群众果实（如分好田，多得好东西）、斗志不强、投机取巧、保命思想、个人主义、自私自利等现象。

2. 工作重点：检查群众观念，如高高在上、强迫命令、包办代替、组织观念。如对上级指示决议制度、阳奉阴违的态度，政策观念，乱杀人、乱打人、乱捆人、乱罚人、乱开支、乱做生意等现象。

---

① 原件存于安徽省档案馆。中共巢湖市委党史研究室.巢湖市中共党史资料选编[M].合肥：安徽人民出版社，1998：296-300.

3. 作风重点：宗派、感情、拉拢，一团和气，互相包庇，当面或会上不讲、背后乱讲的自由主义小广播，捧上压下等恶劣作风，同时粗枝大叶、无计划等现象。

四、方法与步骤：

1. 除地委整训班继续抽调整训外，各县应举办短期整训班，其对象先抽在职干部与问题较严重的干部。

2. 普遍开展反不良倾向，以旧历年关期假从元月 4 号起，根据各县不同情况与环境，用不同的会议方式，进行普遍的反倾向教育运动。其方针亦以教育干部、改造为主，即是个别严重的处理，也要达到教育目的。

五、整训任务与具体要求：

1. 除地委抽整干部外，各县在半年内，要完成在职干部 50%。

2. 开展反不良倾向过程中，要完成乡级以上所有干部。

3. 反不良倾向内容：着重以反贪污反腐化与无组织无纪律和宗派情绪的恶劣作风。

乙、干部工作。

一、具体方针与要求：要放手广罗人才，即刻大胆大批培养提拔，清理（北撤落伍）和吸收各种人才，准备足够数量的干部，以便迎接即将全区解放之形势需要，为着有计划有步骤去进行这一工作，并做到如下具体规定：

二、培养与分工：

1. 除地委整训班继续整查外，各县在环境许可条件下，按照各个部门干部需要，开办各种短期训练班。

2. 训练对象，地委整训班，其整训主要对象是经过一年来斗争考验所提拔之区干部和准备提拔区干对象之乡干部及一些意识较差之老区干部。

各县训练班主要对象，是以乡级干部为主及准备提拔乡干对象之村级干部和吸收穷苦知识分子和经过土改后积极分子与城市逃来之青年学生及北撤掉队在家被迫自首而未做危害党与人民利益的、群众对他也无反感之干部，给以训练机会逐步提高改造之。

3. 除训练方式上培养外，无为、无南、湖东、临江各单位区级主要干部，一律配备副职，巢北、湖西亦应做思想上准备，配备其副职，总之以带徒方式培养干部。

三、提拔与配备干部：

1. 提拔与配备干部应注意下列两点：

①提拔干部配备副职时，应按照区党委干部决定执行（区党委干部决定附发），特别防止关门主义与拉夫现象。

②配备干部要掌握宁弱勿缺、宁弱勿滥为原则（对能力弱之干部可在工作中逐步培养提高）即各单位按照现有编制规定，如缺职应迅速配备齐全，更应防止拉夫现象。

2. 地委规定各县所接收城镇干部，应立即备全，呈报地委核准之。

四、抽调各县干部数字规定于后：

无为：区干 4 名（现有或准备提拔的均可），乡干 40 名。

临江：区干 4 名（现有或准备提拔的均可），乡干 30 名。

湖东：区干 2 名（现有或准备提拔的均可），乡干 30 名。

无南：区干 1 名（现有或准备提拔的均可），乡干 15 名。

以上干部希即准备逐步抽集，编为临时工作队，给以思想准备教育，其任务于 2 月底完成。

丙、建立农村支部工作。

一、关于建立农村支部，应以新发展为主，培养较次之。

二、支部领导，应以雇贫农为核心，同时要不断吸收新的雇贫农有适合条件者逐渐参加领导权。

三、建立支部具体方法：

1. 以有灰色党员和恢复党籍的党员为基础，区委指定其经常发展任务。

2. 各个在职党员干部，由各级党委与支部交给一定的发展任务。

四、建立支部具体要求：

1. 实践进行发展与仔细审查恢复。

2. 各县目前应积极着手，在有条件下应建立一个或两个农村支部，从点试验吸收经验。

3. 发展党员应以雇农和手工业者为主，正确执行建党的阶级路线，防止拉夫凑数与感情用事及粗枝大叶对党不负责任的态度。

4. 要求在半年内老区须建立三分之一乡支部，新区建立个别支部。

丁、组织干部工作一般制度。

一、干部管理制度：为使干部工作逐渐走向正轨和进一步深入了解与巩固，更正确掌握和执行干部政策，决定严格执行干部管理两级制，即今后干部配备奖惩等重大问题，事先必须做到呈报批准及公布一定手续，乡级干部须请示县委批准，区级干部（包括乡委）须请示地委批准，行政干部由政府按级公布，反对先斩后奏或斩而不奏的无组织现象。

二、组干工作月报制度：

1. 坚决执行组干工作月终汇报，为着执行每月 25 号前对区党委报告起见，特决定各县组织干部于 20 号遵交月终报告，内容是一月来所进行的组干工作。

2. 按期（月报期）应交所规定两种统计表（即月终组织概况与行政概况统计表），其表格由地委组织部制发。

三、档案保管制度：

1. 保管档案的正确态度，必须认识对党对同志负责态度，重点不得遗失，同时需有专人保管，以免混乱。

2. 铸成档案，即是对一般材料和重要信件其中有联系于干部者，必须摘录下来，当成档案保管。

3. 各组织部门应制订档案卡夹子，须分门别类编制号码保管之（如行政的、组织、历史、奖惩）。

四、目前档案应有建立与规定：

1. 搜集现实材料（即现有自传登记表）。

2. 根据干部管理，分级、分别、分类保管，即是县区以上材料送交地委，其余留下，按级分存。

四地委组织部

1949 年 1 月 23 日

四地委组织部元月份组织工作报告（摘要）[①]

（前略）

乙、这一月来所进行的几项工作如下：

一、干部教育与培养。

1. 地委举办了整训班，计 75 人，其收效与缺点另有总结汇报。

2. 临江县委和湖东县相继办了短期整训班，人数共 90 余人。

3. 训练对象和内容：对象是以较严重偏向和准备提拔之干部，内容主要以三查为主（即思想、工作、作风）。

4. 目前收获：

主要两点：（1）自首分子对自首变节的认识较明确，克服过去强调环境被迫或怪别人。

（2）检查工作上严重的毛病，揭破过去片面的功臣思想，与单纯主观愿望、解决党籍的要求。

---

① 原件存于安徽省档案馆。中共巢湖市委党史研究室.巢湖市中共党史资料选编[M].合肥：安徽人民出版社，1998：300.

以上是训练班的概况情况，详情见以后书面报告。

二、进行了一般档案工作。

1. 进行所有脱离生产干部登记（已收的无为、无南、湖东、湖西及地委直属单位），了解干部一般情况。

2. 统计了行政和组织机构概况，才了解农村到现在没有支部。

三、召开了各县组织部长联席会，其内容分述如下：

1. 明确了干部工作方针：

这里主要是讨论研究如何执行区党委干部工作决定，并提出四分区今后干部工作具体要求和任务，并同时指出坚决执行区党委干部工作方针，打破关门主义与拉夫现象。

2. 讨论建立农村支部，亦提出半年任务，同时亦明确建党路线问题。

3. 对自首分子和脱节党员与失掉关系之处理也作了初步研究，并已电报区党委最后核准，迄未见批示。

4. 规定今后一般组织工作制度（即月报制度、档案制度、干部管理制度）。

5. 明确整党方针，其具体任务与要求：

（1）在半年内各县应完成乡级主要干部之整党。

（2）具体分工，新提拔之区干，准备提为区干之乡级干部由地委抽整，乡干由县抽整。

（3）开展反不良倾向教育，并规定在旧历年关期间，从正月4号起各县根据不同情况，用不同会议方式，进行普遍反不良倾向，并要求在这一过程中完成乡级所有干部的整顿。

（4）整党与反不良倾向方针，是"既往不咎，严格今后，表明态度，交出贪污果实，作为转变改造自己的起点"，总之以教育为主。以上是这一月来的组织情形。

无南乡以上干部概况：

行政人员	117	
未北上自首	67	42.7%
参加三青团	4	
参加伪工作	23	
没有自首	50	57.3%

青苔乡农村党员统计：

党员数	97	
自首数	56	56.7%
未自首数	41	43.3%

关于渡江战役器材工作的联合通知①

自我部队到达皖西四分区后，各部队对作战器材积极准备与各级政府积极支援，现已大部就绪。但因事先对器材工作未能有计划、有组织的筹备，及缺乏渡江作战器材准备工作经验，致使筹备紊乱，计划多变，造成不必要浪费，使政府无法及时

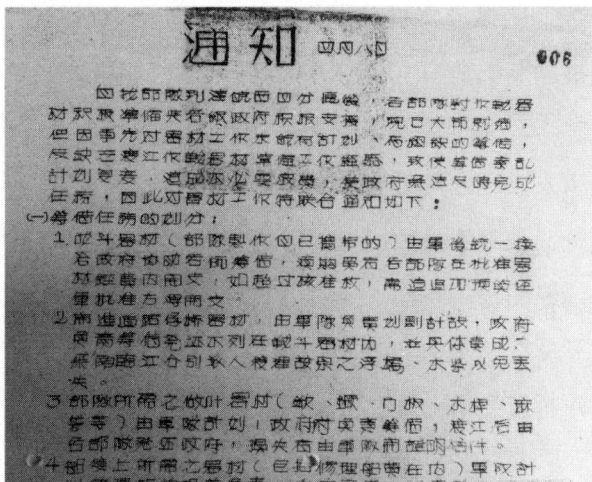

《关于渡江战役器材工作的联合通知》原件局部

————————

① 革命历史档案：永久：90-8：第6[A].无为：无为市档案馆.

完成任务，因此，对器材工作特联合通知如下：

（一）筹借任务的划分：

1. 战斗器材（部队制作自己携带的）由军后统一接洽政府协助各师筹借，须购买者各部队在批准器材经费内开支，如超过核准数，需造追加预算经军批准方得开支。

2. 南进道路浮桥器材，由军队负责规划设计，政府负责筹借发还，不列在战斗器材内，并具体责成无南、临江分别派人管理该宗之浮桥、木柴以免丢失。

3. 部队所需之作业器材（锹、镢、门板、木杆、麻袋等）由军队计划（政府负责筹借），渡江后由各部队发还政府，损失者由军队开证明信件。

4. 船只上所需之器材（包括修理船费在内）军队计划通过船舶机关负责，由政府统一筹备发（不报销）。

（二）筹借区域划分：

1. 战斗器材及作业工具，统一由军后筹借，按各师批准预算发给实物与拨款购买。

2. 船只所用之器材，西面渡口统一由八〇师计划设计，由无南县负责筹借发还。九九师应派人协助八〇师组织检查。东面渡口统一由九九师计划设计，由临江县政府负责筹借发还，八一师应派人协助组织检查。该项器材须经船舶机关同意，共同负责筹借，战后统由船舶部发还政府。

3. 开进道路器材由无南、临江分别筹借管理，并立即派人将开进道路之浮桥及剩余木排看管起来，以免被群众偷掉，与无故的浪费。

（三）应注意的事项：

1. 已筹借之器材应根据筹借发还关系分别处理，交代手续，将各部队之证据收回，分别由政府开给收据。

2. 在江北岸筹借之器材，各部队应留专人协助军后统一组织发还，清算账目。

以上通知希各级军政干部切实负责组织检查，严格遵照执行为盼。

司令部

二十七军　　政治处

四分区支前司令部

四月八日

发至县　机密

关于支前工作的紧急指示①

为集中全力支援大军渡江，完成光荣伟大任务，特将目前支前几项中心工作分配如下，各县党政军机构应组织全力按期完成。

一、粮草准备：为供应大军吃烧，各县应立即完成以下任务：

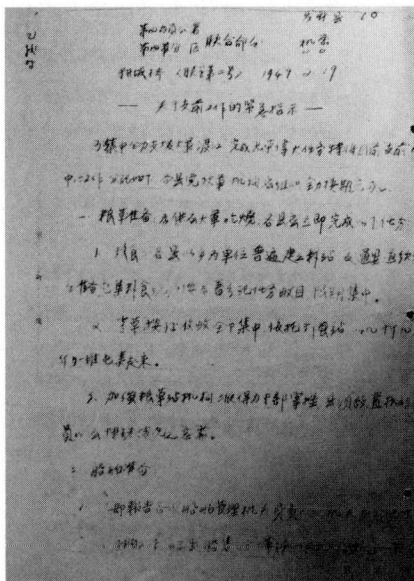

1. 粮食：各县以乡为单位普遍建立粮站，交通要道须充分准备，屯集粮食统须按专署分配任务数目，限期集中。

2. 柴草：按征收数全部集中，依托粮站，以几千斤、几万斤一堆屯集起来。

3. 加强粮草站机构，派得力干部掌握。县须设置机动人员，以应特殊情况之急需。

《关于支前工作的紧急指示》原件局部

① 革命历史档案：永久：90-8：第10[A].无为：无为市档案馆.

二、船舶准备：

1. 立即报告各级船舶管理机关负责人及机关办公地址。

①船舶工作编制船只（分三等待令使用），50 石以上一等，30 石至 50 石一等，10 石至 20 石一等。

②船上人员一律以我之供给标准照发。

③船只编号控制，实行军事管理，限于本月廿五日将船集中。

2. 水手训练：

①已控制船上水手或散在陆地休息之水手，一律施行军事管理，由县里自行训练。

②各县规定调分区训练水手，由分区船舶管理处负责训练。

③训练内容：夜间水上方向识别、船只队形、互相联络等问题。

④无为、临江各抽 15 名，无南、湖东各抽 10 名，湖西、三河各抽 5 名，限 20 日到分区船管处集中训练。

3. 民夫担架：以乡为单位编成队，组织起来，随用随到，并派得力干部负责。

三、公路建筑：

1. 无南负责修通开城至襄安、襄安至无南段公路。

2. 无为负责修通无为至巢县公路。

3. 湖东负责襄安至庐江段公路。

4. 湖西负责庐江至金牛段公路。

5. 三河负责三河至金牛公路。

公路普遍要求一丈宽，并须将桥梁圩埂调查修理补整，木材由各县负责。

四、江沿情况及江防情况，责成临江、无南、湖东、五区各指派专人负责了解并调查船只隐蔽场所，掌握敌情变化，每天须向分区报告一次。

五、注意事项：

1. 以上任务之贯彻执行，要求各级党委、政府、指挥部严重认识其重要性，发挥最大的忍耐心，不怕困难，动员一切力量，百分之百的完成。

2. 在一切为着战争胜利，一切为着支援大军渡江胜利的总方针下，组织起来，如有推卸责任，抵抗任务，拖延时间者，一律以军纪制裁。

3. 粮食、船舶、水手、民夫、担架、公路交通系统，规定于本月底完成，专署分区在月底前普遍进行检查。各县须经常向专署分区作报告。

望各遵照　此令

专　员　赵孟明　　副专员　陈力生

副司令员　张仪成　　第二副司令员　彭光福

政　委　陆学斌

动员广大群众积极迅速缴纳公粮公草和出夫支前宣传大纲[①]

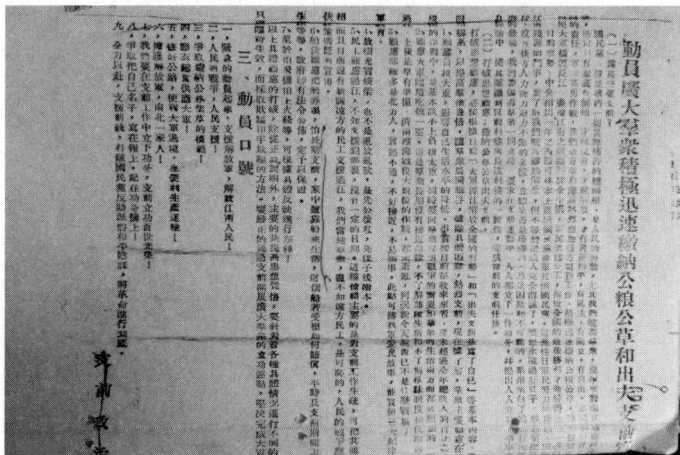

《动员广大群众积极迅速缴纳公粮公草和出夫支前宣传大纲》原件

---

① 革命历史档案：永久：90-8：第9[A].无为：无为市档案馆.

（一）为什么要支前？

国民党匪帮是我们一切灾难痛苦的总祸根，是人民的公敌，尤其我们皖西群众，几年来对国民党蒋桂匪之兽行逆施，残杀迫害，是无所未尝。所以，只有彻底打倒它，才能翻身，才能解放，才有真正和平，有民主、有独立、有自由，永远过好日子。打倒国民党匪帮是全国人民共同的责任，军队英勇作战，我们后方群众应该热烈参加后方战勤工作，积极迅速缴纳公粮公草，踊跃组织担架运输，修路架桥，撑船摆渡支援前线，以便大军横渡长江，尽扫江南之敌，而解放全中国。军民这样分工，解放全中国的最后胜利，才能获得更进一步的保证。

目前形势，中央指出一年之内即可根本上肃清国民党匪军，打倒国民党。这是往日军民努力的功绩，因此，我更需要紧急动员起来，为肃清江南残匪而斗争，要了解我皖西虽然解放，但不等于把敌人完全消灭了，要想永远过好日子，就必须把残匪完全消灭！同时，只有军队的打仗，没有后方人力物力不断地支援，意愿取得最后胜利，乃是困难和不可能的。群众明白了为谁打仗，为谁支前，则广泛的立功运动即会蓬勃的发展。我们要领导群众一同立功，要求在支前运动中人人都立下一件功劳，并提出人人立功，事事立功的努力方向，并可从群众的切身经验中，使其认识到目前利益与长远利益的一致性，完成当前的支前任务。

（二）打破思想顾虑，缴纳公粮公草出夫支前。打破思想顾虑，必须根据目前"大军渡江解放全国的形势"和"出夫支前为了自己"等基本内容，进行具体教育。基本教育和具体说服相联系，以提高群众觉悟，让群众展开眼界，破除具体困难，热烈支前。现在据了解，群众主要顾虑在哪里？如何解释？

1. 顾虑负担太重，影响自己生活水平的降低，事实按日前征收率来看，还未超过全年总收入的百分之二十。今天，在接近彻底消灭敌人大规模的作战中，是基本谈不上负担太重。同时，要向群众说明战争的需要和群众的生活，两方面都能照顾的。而且负担办法更是公平合理的。

2. 顾虑大军临境吃烧一空。这是群众长期没有接近部队，不了解部队生活和不了解粮秣制度和供给情形。此外，是坏分子的造谣。对大军过江，上级是早有准备，济南、淮海战役大规模的作战，都未紊乱，何况说今天皖西已不是什么战场了。

3. 顾虑部队多是北方人，言语不通，不好接近，不易办事。此点可讲我军爱民故事，并宣传三大纪律、八项注意。同时，要进行群众的拥军教育。

4. 放树充实烧柴，也不是乱放乱砍，是先公后私，先棵枝后树木。

5. 民工顾虑过江，不知支前到哪里，没有一定的日期。这种情绪主要是对支前工作生疏，可把其他地方支援济南、淮海战役情形多作介绍，而且目前还有新调远方的民工支援过江，我们当地群众，还不如远方民工是可耻的。人民的战争应由人民支援，还可把出夫条例及出夫政策广泛的宣传。

6. 船夫顾虑把船弄坏，怕长期支前，家中还靠船来生活，这个船若是受损如何赔偿。平时及支前期间，怎样照顾船工船主生活，民工怕耽误生产等等，政府即有法令公布，定予以保证。

7. 至于怕飞机怕上火线等，可根据具体反映进行解释。

以上具体顾虑的打破，除从正面说明外，主要的是提高思想觉悟，要针对着各种具体情况进行不同的宣传和教育，在出夫一项更不可只顾临时生效，而采取欺骗和半欺骗的方法。要严正的通过支前开展广大群众的立功运动，坚决完成大军渡江解放江南的支援任务。

（三）动员口号。

1. 紧急的动员起来，支援解放军，解放江南人民！

2. 人民的战争，人民支援！

3. 争取缴纳公粮柴草的模范！

4. 节衣缩食供应大军！

5. 修好公路便利大军过境，也便利生产运输！

6. 拥护解放军，南北一家人！

7. 我们要在支前工作中立下功劳，支前立功百世光荣！

8. 争取把自己的名字，写在报上，记在功劳簿上！

9. 全力以赴，支援前线，打破国民党反动派假和平阴谋，将革命进行到底！

皖西巢湖分区支司政治部

1949 年 3 月 10 日

半年来组织工作综合报告①

（皖西四地委组织部）

甲、1949 年 2 月份以前本地区组织工作概况

一、组织机构除地委会外有 6 个县委会即巢北、湖西、湖东、无为、临江、无南（肥东）工委会 1 个，其次有 11 个区委会即无为的严桥、石涧、新民、银屏，湖东的尚礼、槐林、关河，临江的陡沟、汤沟、流泗、白茆等区，区委会 3 人。在区委以下的农村没有支部组织。在机关方面只有无为县区工调队计 4 个支部外，一般机关及地委会在内，均未成立支部，以上是组织机构概况。

二、党员情况在全区的党员数较少，根据当时的概况了解，仅一百六十几个党员，个别县还把县地方武装统计在内，如临江党员统计 42 人，部队占 25 人，地方机关 17 人，但这党员数虽少，一般质量较高，绝大部分是党员干部，而且是留地坚持到南下之干部党员。

---

① 中共巢湖市委党史研究室.巢湖市中共党史资料选编[M].合肥：安徽人民出版社，1998：300-302.

1949年4月份四地委党员统计数

	地委会	专署	无为	临江	湖东	湖西	无南	三河	合计
原有数	38	3	59	50	54	77	49	12	377
增加	10		68	81	69	55	77	24	392
减少	5		4	7	2	2		1	21
既有数									
正式	30	3	102	109	123	124	95	37	623
候补	13		21	15	28	6	31	3	117
合计	43	3	123	144	151	130	126	40	740
成分									
工人									13
雇农									40
贫农									376
中农									270
富农									28
地主									12
自由职业									1
自首			10	3	9	4		2	28
未自首	43	3	113	121	142	126	126	38	712

组织机构及干部概况统计表

项目	地委	县委会	县委	区委会	区委	支部	支委	小组	正式党员	候补党员	恢复党员
数目	1	8	35	20	46	21	50	77	262	61	11

干部等级

县级　　42 人　　包括专县一级的地委科以上干部

区级　　86 人　　包括区级、地专股长级

乡级　　523　　　包括科员、区乡指导员

工作员　91

1949 年 1 月 26 日

支援及生产口号[1]

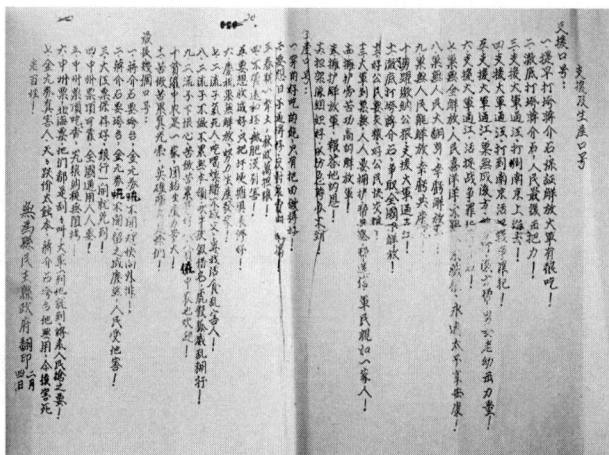

《支援及生产口号》原件

支援口号：

一、提早打垮蒋介石，保证解放大军有粮吃！

二、彻底打垮蒋介石，人民最后出把力！

三、支援大军过江，打到南京上海去！

四、支援大军过江，打到南京活捉战争罪犯！

---

[1] 革命历史档案：永久：90-8：第20[A].无为：无为市档案馆.

五、支援大军过江，巢无成后方，前方打，后方帮，男女老幼出力量！

六、支援大军过江，活捉战争罪犯蒋介石！

七、巢无全解放，人民喜洋洋，不跑反，不藏粮，永远太平享安康！

八、巢无人民大翻身，幸亏解放军！

九、巢无人民能解放，幸亏共产党！

十、踊跃缴纳公粮，支援大军过长江！

十一、彻底打垮蒋介石，争取全国都解放！

十二、好公民要交粮，好公民快交粮！

十三、大军到巢无，人人要拥护，帮带路，帮送信，军民亲如一家人！

十四、拥护劳苦功高的解放军！

十五、拥护解放军，报答他的恩！

十六、担架队组织好，以防急时办不到！

生产口号：

一、穿的好，吃的饱，只有把田做得好！

二、要想日子过得好，反对浪费胡乱搞！

三、春耕一犁土，秋收万担粮！

四、不管远和坏，做肥没有害！

五、要想收成好，只把圩埂塘坝来修好！

六、庆祝巢无解放，努力生产发家！

七、二流子气死人，吃喝嫖赌不成文，专找活食乱害人！

八、二流子不做不累无本领，吹牛皮，假借名，狐假虎威乱胡行！

九、二流子下狠心，苦做苦累学好人，贫雇中农也欢迎！

十、贫雇中农是一家，团结生产力量大！

十一、苦做苦累真光荣，英雄头名是你们！

最后几个口号：

一、蒋介石要垮台，金元券吃不开，赶快向外排！

二、蒋介石要垮台，金元券吃不开，留之成废纸，人民受它害！

三、大江票保存好，银行一开就兑到！

四、中州票顶可靠，全国通用人人要！

五、中州票顶吃香，完粮纳税无阻挡！

六、中州票，北海票，它们都是呱呱叫，大军一到它就到，将来人民抢之要！

七、金元券真害人，天天跌价太蚀本，蒋介石垮台它无用，今后害死老百姓！

无为县民主县政府翻印

二月四日

支前工作总结提纲①

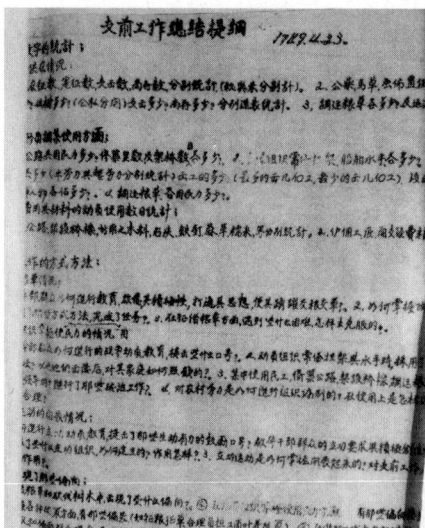

《支前工作总结提纲》原件局部

---

①革命历史档案：永久：90-27：第8[A].无为：无为市档案馆.

一、各种数字的统计粮草供应情况：

1. 粮米应征数，实征数、支出数、尚存数，分别统计（稻米分别计）。

2. 公柴、马草，原布置任务是多少？实收多少？伐树多少（公私分开）？支出多少？尚存多少？分别造表统计。

3. 调运粮草各多少及运送路程数。

二、动员调集使用方面：

1. 修建公路共用民力多少？修筑里数及架桥数目各多少？

2. 动员组织常备担架、船舶水手各多少？

3. 组织民力共多少（半劳力与整劳力分别统计），出工的多少（最多的出几个工，最少的出几个工），没出工的多少，各种人物各占多少？

4. 调运粮草各用民力多少？

三、支前费用与材料的动员使用数目统计：

1. 修建公路，架设桥梁所用之木料、石灰、铁钉、麻、草、糯米等分别统计。

2. 雇用工匠，开支经费粮食各多少？

四、进行工作的方式方法借粮草情况：

1. 对干部群众如何进行教育，启发其思想，使其踊跃交草交粮？

2. 如何掌握政策，同时采用哪些方式方法完成任务？

3. 在征借粮草方面，遇到些什么困难，怎样去克服的？

五、动员组织掌握使用民力的情况：

1. 对干部群众如何进行战争动员教育，提出些什么口号？

2. 动员组织常备担架与水手时，采用了哪些方式方法？以及他们出发后，对其家庭如何照顾的？

3. 集中使用民工修筑公路，架设桥梁，调运粮草，如何掌握领导的？进行了哪些政治工作？

4. 对农村劳力是如何进行组织编制的？在使用上是怎样达到公平合理？

六、立功运动的开展情况：

1. 如何进行立功动员教育，提出了哪些生动有力的鼓励口号？启发干部

群众的立功要求与积极创造性？

2. 建立了什么立功组织，如何建立的？作用怎样？

3. 立功运动是如何掌握开展起来的？对支前工作起了什么作用？

七、工作中出现了哪些偏向：

1. 在征借粮草和砍伐树木中，出现了些什么偏向？

2. 在动员组织掌握使用民力方面，有哪些偏向发生？

3. 在掌握各种政策方面，有哪些偏差（如征粮征草合理负担、工商业等政策）。

4. 在进行工作中，有哪些强迫命令、官僚主义和片面群众观念、尾巴主义，非群众路线，以致脱离群众的现象。

八、各种支前任务中（如征粮、征草，修筑公路，组织常备担架，动员水手，调运粮草等）干部群众都踊跃，出现哪些各式各样的典型人物，典型事迹，模范个人，模范单位及生动具体的事实。

九、支前工作与一般工作结合情况（略）。

无为县支前指挥部

1949 年 4 月 23 日

关于准备大军渡江对水手的训令[①]

（1949.4.12于石涧埠）

（一）目前大军正积极渡江，需要水手甚急。根据船舶指挥部来报，各区有些水手逃跑回家，现在将名单通知你们，望你们派员到各乡去将该所跑回来的水手迅速动员归队，兹将领导归队办法开列如下：

———————

① 革命历史档案：永久：90－27：第9[A].无为：无为市档案馆.

（1）以前派去领导水手的干部，现在如有回来在原来岗位的，即时派他们再将这些逃跑的水手领导归队。

（2）如果领导水手的干部没有回来，可再另派干部领导归队。

（二）优待水手家属办法如下：

（1）水手家属希立即着手登记，并查明生活情况，由各乡造表呈送区府，酌情救济。

（2）家中无劳动力的，由乡组织代耕队，替他们代耕田亩。

（三）仍在岗位的水手，望通知各乡写慰问信去安慰他们，并将优待办法转告他们，使他们安心。

以上三项，望即时遵照办理。

右令

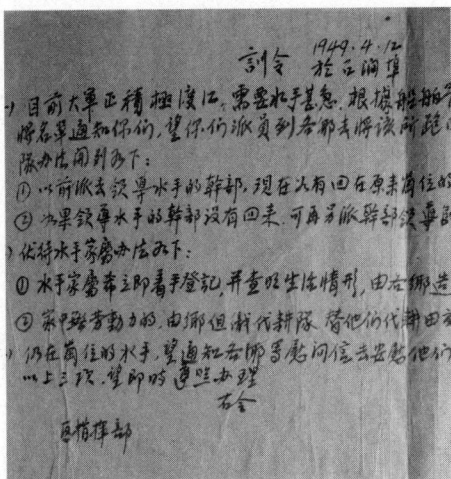

《关于准备大军渡江对水手的训令》原件局部

指挥长　彭醒梦

区指挥部　胡治平

张海亭

政委　杨　杰

朱合喜

黄雒河、钓鱼台两乡支援大军渡江船只与水手统计表[①]

我县船只与水手，现分黄雒河、钓鱼台两地集中，分别：

（1）黄雒河船只——载量 10 至 20 石 48 只，合计载重 819 石。

（2）水手——96 人，尚缺水手 8 名。

（3）载量——30 至 50 石 37 只，合计载重 1250 石。

（4）水手——66 人，尚缺水手 12 名。

（5）载量——60 至 100 石（内有两只 104 至 120 石）19 只，合计载重 1595 石。

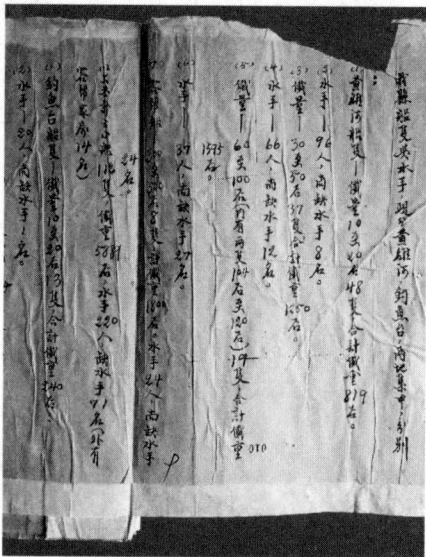

《黄雒河、钓鱼台两乡支援大军渡江船只与水手统计表》原件局部

（6）水手——37 人，尚缺水手 27 名。

（7）客帮船——300 至 500 石 8 只，计载重 1800 石。水手 24 人。尚缺水手 24 名。

以上共计出小船 112 只，载重 5889 石，水手 220 人缺水手 71 名（外有客帮家属 14 名）。

（1）钓鱼船只——载量 10 至 20 石 13 只，合计载重 240 石。

（2）水手 20 人，尚缺 1 名。

---

① 革命历史档案：永久：90-27：第9[A].无为：无为市档案馆.

（3）载重——30 至 50 石 19 只，载重 803 石，水手 39 名，缺水手 5 名。

（4）载重——60 至 100 石 18 只，载重 1545 石，水手 54 人，缺水手 11 名。

（5）载重——100 石以上至 300 石 19 只，载重 3210 石，水手 54 名，缺水手 27 名。

（6）合计船 69 只，载重 6352 石，水手 167 名，缺水手 44 名。

无为县支前指挥部

1949.4.12

关于对支援大军渡江船工救济抚恤等工作的指示①

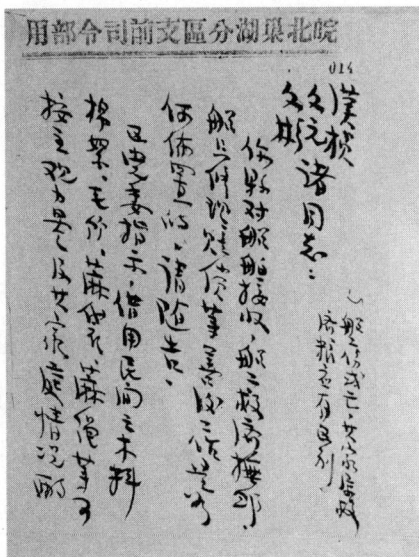

《关于对支援大军渡江船工救济抚恤等工作的指示》原件局部

①题目为编者所加。革命历史档案：永久：90-27：第12[A].无为：无为市档案馆.

汉桢、文元、义彬诸同志:

你县对船舶接收,船工救济抚恤、船只修理赔偿等善后工作是如何布置的请随告。

船工伤或亡,其家属救济粮应有区别。

区党委指示,借用民间之木料棉絮、毛竹、麻袋、麻绳等,按主观力量及其家庭情况酌量赔偿,但不一定全赔或延期赔偿,因财政力量有限,此点应向群众好好解释。

（略）

皖北巢湖分区支前司令部

赵孟明

陆学斌

一九四九年四月×× 日

先遣渡江侦察日志^①

（1949年4月6日至4月21日）

为了实施渡江作战的战略需要,以邓小平、刘伯承、陈毅、粟裕、谭震林等组成的总前委,根据中央军委关于在渡江作战实施之前,派一支部队先遣渡江,执行战役性质侦察任务的指示,确定由第三野战军九兵团二十七军党委选调军侦察营及七十九师、八十一师3个侦察班,共计300余人,组成先遣渡江大队,并成立了大队临时党委。八十一师二四二团参谋长亚冰任党委书记兼大队长,军侦察科科长慕思荣,任党委副书记兼副大队长。车仁

---

① 中共繁昌县党史资料征集小组办公室.先遣渡江侦察纪实[M].北京:中共党史资料出版社,1988:94-96.

顺、刘浩生、王德清等人为大队党委成员。先遣渡江大队，在无为地区党组织的配合和人民群众的支持下，于1949年4月6日晚21时至22时之间凭借几十只木船分别在无为县的石板洲和江心洲地段起渡。机智果敢的先遣渡江战士，运用偷渡和强渡相结合的战术，飞舟穿过宽阔的江面，历时仅20多分钟，敌之江防，为我一举突破，胜利地在繁昌、铜陵两地江岸先后登陆。从4月6日起至21日，先遣渡江大队又胜利地完成了先遣渡江侦察任务。

下面是"先遣渡江侦察日志"：

6日晚，先遣渡江大队实施先遣渡江。

先遣渡江大队实施渡江的预定登陆地带为繁昌县荻港以西的十里场至铜陵县夹江口的金家渡，全长20余里。防守该地区的是国民党88军149师445和447两个团的部分兵力。

21时30分，亚冰、车仁顺率先遣渡江大队机关及原军侦察营二连和三连六十炮班从无为县石板洲叶家墩东南侧的鲤鱼滩起渡，21时50分，在十里场江堤登岸夜急行军，直奔铜（陵）繁（昌）交界的狮子山。

22时，慕思荣、刘浩生率原军侦察营一连及由七十九师、八十一师所抽调出来的3个侦察班，从无为县江心洲北江村南边洲头起渡，22时25分，在铜陵县北埝王附近东边的北埝崔家至金家渡登陆。一夜急行军，进至铜陵县叶山脚下的迪龙冲。

由于夜间登陆作战，先遣渡江大队部分战士被冲散，其中30多名，后经中共铜陵县委联络，安全归队。

7日清晨，亚、慕两部，分别到达狮子山和迪龙冲，隐蔽休息。

11时半，国民党繁昌县保安团一个营包围狮子山，亚部冒名敌88军149师搜索队，与之周旋，迷惑了敌人，黄昏时，亚部撤离狮子山。

22时左右，亚部到达南陵县塌里牧村。

8日凌晨，慕部到达塌里牧村附近的金塘岭和新塘冲。很快，亚、慕两部在塌里牧村会合。

在塌里牧村，先遣渡江大队给江北军部发了电报，汇报了部队安抵江南的情况，并召开了党委会议，对如何隐蔽自己、保存自己的有生力量等问题，进行了研究、部署。

晚，先遣渡江大队转移到南陵的张家山。

9日，先遣渡江大队在张家山休整。

晚，军部电令先遣渡江大队尽快地和地方党、游击队取得联系。

10日9时左右，亚冰派1名参谋和3个侦察员配合向导何道纯，从张家山出发，寻找地方党和游击队。20时左右，在南陵板石岭俞冲，找到了中共繁昌县委代理书记王佐和县委委员、行政办事处主任、南繁芜游击总队队长杨鹏。中共繁昌县委决定派工山地区负责人叶明山等人，与先遣渡江大队联络。

晚，先遣渡江大队向南陵戴公山区老庙转移。

11日凌晨，先遣渡江大队到达老庙，没隔多久，叶明山随何道纯等人来到老庙。

11时许，先遣渡江大队攻下老庙西北侧的子坪山，一举击溃敌南陵保安大队的进攻，取得了老庙战斗的胜利。

老庙战斗结束后，先遣渡江大队向军部发了报，报告了战斗情况。军部回电，告知主力部队渡江时间已向后推迟，指示他们继续南进，待命行动。

晚，先遣渡江大队由叶明山等人带路，从老庙附近的新庙出发，向泾县北贡乡陈塘冲转移。转移时，留下一个排的兵力断后，以防敌人偷袭。

12日拂晓前，先遣渡江大队到达南陵县的紫元汤，在该村附近的紫峰山等山上隐蔽。

10时左右，中共南陵县委委员、行政办事处主任王克祥等人到紫峰山山上，与亚冰、慕思荣等负责人见了面。

15时许，先遣渡江大队在中共南陵县委的配合下，从紫元汤出发，于黄昏时到达泾县北贡乡陈塘冲庄里村，与中共皖南沿江工委副书记、沿江支队支队长陈洪以及中共南陵县委主要负责人陈作霖等人会合。

午夜，先遣渡江大队在新庙转移时断后的那一排人途经南陵刘店附近的松树棵时，打掉松树棵的敌碉堡，于 13 日凌晨到达泾县北贡乡，休息两三小时后，赶到庄里村。

13 日—15 日在陈塘冲里，地方党游击队和人民群众开展了拥军活动。先遣渡江大队一面练兵，一面在沿江工委以及所属各县（工）委的配合下，积极开展敌后侦察活动。

16 日 17 时许，先遣渡江大队从庄里村转移到陈塘冲里的上王。

17 日晚，中共皖南沿江工委书记、沿江支队政委孙宗溶等，率支队主力由太石地区赶到塎上王，与先遣渡江大队会师。

18 日下午，军部电告先遣渡江大队：我大军定于 20 日发起渡江战斗。并电令先遣渡江大队北移繁昌，策应大军渡江。接令后，先遣渡江大队和沿江支队主要负责人立即召开会议，分析情况，研究部署策应大军渡江的具体方案。

黄昏，先遣渡江大队由塎上王向繁昌方向进发。

19 日拂晓前，先遣渡江大队经过一夜强行军到了张家山。

白天隐蔽休息。

晚上继续向繁昌方向前进。

20 日凌晨，先遣渡江大队北移至南陵县板石岭，再次与中共繁昌县委和南繁芜游击总队会合。大队根据军部指令，研究制定出策应大军渡江的具体作战方案。与此同时，中共繁昌县委也召开了县委会议，研究了策应大军渡江的具体措施。

18 时半，在南繁芜游击队的配合下，先遣渡江大队由板石岭出发，向繁昌县城附近和沿江一带挺进，至次日拂晓前，他们勇敢作战，有效地策应了大军渡江，胜利地与主力部队会师。

21 日早晨，聂凤智军长和刘浩天政委，在大礁山亲切地接见了先遣渡江大队的指战员和南繁芜游击队员，赞扬先遣渡江大队在地方党和游击队的配合下，胜利地完成了历史性的先遣渡江侦察任务。

关于开展对敌政治攻势和对无为县城
展开政治围攻的组织决定[①]

（一）为加强开展对敌政治攻势，地委决定由林采、杨杰、吴立基、郭光洲、张石平等同志组织政治攻势委员会，并由林采、杨杰同志任书记，在地委会领导下，来专门负责对敌政治攻势的领导，该委员会除一般地领导全分区的对敌政治攻势外，其中心任务为集中力量，组织对无为县城的政治围攻（重点进攻），以达到从政治上打垮蒋伪反动堡垒，普遍动摇和瓦解蒋伪人员，便利我建立上层统战关系之目的。

（二）在地委政攻委员会的领导下，各县须分别成立县的政攻委员会（同时在县委会领导下）下设政工小组，组织力量，选择重点（此种重点之选择，以蒋伪力量比较顽固集中的地点较蒋伪人员动摇情绪较高地点为宜），实行突击进攻（无为县已选择无为城及巢县城为重点，分别组织政工小组实行进攻，临江县已选择无为城、后河、仓头为重点，分别组织政攻小组实行进攻。其他各县亦须选择重点，分别组织政攻小组实行进攻），全分区进攻重点为无为城。为开展对无为城的有力进攻，在地委政攻委员会的统一领导下，地委决定无为、临江、无南三县必须分别成立政攻小组，开展对无为城的政治总攻击，临江以无为县城东门为进攻中心，无为、无南以西北两门为进攻中心；上述各县须配备一定数量的干部，亦须由有威望（指在当地蒋伪人员中有威望）与有能力负责干部来负责领导对无为城的进攻（如无为县决定由副县长胡治平同志任对无为城的政攻组长）。

---

① 原件存安徽省档案馆。中共巢湖市委党史研究室.巢湖市中共党史资料选编[M].合肥：安徽人民出版社，1998：275-278.

（三）为加强各县政攻委员会及政攻小组之领导，根据集体领导分工负责的原则，在各县政攻委员会及政攻小组中，应有具体分工（如组织、组织力量、配备干部）宣传（进行各种宣传活动）、调查（调查对象、搜集反映）、敌工（与敌工工作结合建立敌伪关系）等，总的领导，则可设一书记掌握（或由县委书记或副书记兼）。政攻小组的具体工作，为调查、研究对象，根据各种对象的具体情况，开展一封信运动；普遍向蒋伪人员寄发或张贴我之宣传品，通过人事关系，进行组织活动（有计划的指定某些人员并通知某些蒋伪人员与之接头），建立敌伪关系，进行对蒋伪人员的瓦解争取工作；领导宣传站进行各种宣传活动；召开伪属会议，拜访伪属，宣传我之伟大胜利及宽大政策等，上述工作，必须有计划的、有目标的认真研究进行。

（四）在政攻委员会或政攻小组之领导下，各县须于敌占据点之市镇或比较集中之村庄，或水陆交通方便、蒋汪商船来往频繁的市镇，有骨干的配备一定数量的干部，设立宣传站，来专门负责进行对敌方人员及来往商旅的宣传（无为县已设黄雏河、钓鱼台、新民区、吕卜［婆］店4个宣传站），宣传站具体工作为张贴、朗读、收发、寄发我之宣传品（可设立一个宣传牌一用木板制造，如广告牌，集中张贴我之报纸及宣传品）；组织市镇知识分子和学生写标语和画壁画（标语要写得大，字体要正、要漂亮）；在经常有商船来往的市镇，在商船靠岸以后，对一切商旅，须作有准备的数分钟（时间不能长）的简短讲话（报告胜利消息或宣传我之政策）；对经常来往的商人，可由认识到熟识的过程建立朋友关系（但严格禁止接收商人的礼物），并通过这种关系，有计划的把我们的宣传品带到敌占区去；同时在来往商旅中，须经常搜集对我们的各种反映，汇报上级政攻组织。

（五）各县政攻委员会及政攻小组，必须建立一定的会议汇报制度，及时经常的搜集材料，反映情况，研究对策，交流经验，以推动全面对敌攻势的开展。地委规定各县政攻委员会须在1礼拜内向地委政攻委员会作书面汇报1次，各政攻小组须向县政攻委员会3天汇报1次（进攻无为城的各县政攻小组，同时须直接向地委政攻委员会汇报，亦须3天1次），各宣传站向政攻组或县政攻委员会之汇报亦须3天1次。地委政攻委员会并拟编印政攻通报，以加强上述工作，各级政攻委员会之负责同志，应经常下去检查各地政治攻势开展情况，并予以及时具体的指导。

（六）对敌政治攻势的对象，主要着重土顽、蒋伪政府人员及其他公务员、逃亡分子等；同时须利用土顽与广顽之矛盾，利用土顽对广顽不满情绪（此次敌"扫荡"巢无地区，有伪保七团士兵对被抓去的我区夫子说："你们为什么不打呢？我们安徽人连一个班长都当不上！"）进行分化工作，要动员群众帮助敌兵开小差，对开小差的敌军士兵，要给予适当招待，换给便衣，发给路费，遣送回家，切不能没收他们的东西，或乘机换取他们的东西，否则要受处罚。

（七）在宣传工作上，应利用各种方法和方式，向一切蒋伪人员展开进攻。地委政攻委员会正在编印对蒋伪人员的布告，告蒋汪民众书，结合各种蒋伪人员（还乡队、保安团、蒋伪政府人员）书，以及各种宣传品漫画等；此种布告及宣传品（各县可翻印），除必须张贴市镇要道外，还必须迅速有效的寄发给一切蒋伪人员（事后须搜集反映）。同时地委政攻委员会将拟定统一标语，发给各地普遍涂写（特别在市镇要道上要多写）。对本区本乡的一切蒋伪人员、逃亡分子，必须责战各县该区、乡负责每人写信一封（要经区委审查），寄发给各该蒋伪人员及逃亡分子，并须有具体统计数字，经常搜集反映材料汇报上级政攻组织，在情况许可下，则可召开群众祝捷大会，以扩大宣传。

（八）各县接到上级指示后，必须进行认真的讨论、研究和布置，并须将干部及工作布置情形，于3天内书面报告地委政攻委员会。

（九）各县因开展对敌政治攻势所需之经费，经县财委会审核报销。

皖西第四地委会
1948 年 11 月 28 日

巢湖分区船工奖惩条例暂行办法①

为高度发挥船工革命英雄主义，提高积极性和创造性，保证支援人民解放大军顺利渡过长江，完成解放江南解放全国的任务，特拟定船工奖惩暂行办法。

A. 奖励部分：

甲、物质方面：

一、水手划船支援大军渡江时按船只往返趟数计算发奖米。

二、突击渡江水手和一般水手，奖米多寡应分开，突击渡江水手应高于一般水手，一般水手每人每趟发大米老秤 5 斤，突击渡江水手每人每趟发大米老秤 50 斤，有特殊功绩者额外重奖（脱离生产水手不发给奖米，另发奖品，种类数另行规定）。

三、发奖米办法，按趟数发给大米票，由水手持粮票（应由部队负责人证明）即可到粮站发粮（如参加渡江之船只而受损坏者，由政府修理或赔偿）。

乙、政治方面：

一、本分区水手，过去是党员，以后脱党者，在这次伟大艰巨的渡江任务中应通过立功，提高勇气与决心，在渡江中考虑解决个人组织问题。

二、排除困难突破阻碍撑船渡江完成任务者，为渡江英雄船英雄水手，将于船体烙刺"渡江英雄船"鲜明大字赠的光荣称号！或发给威扬江河之红旗悬挂桅杆，水手转发给奖章或于衣服上刺绣英雄水手之荣誉字迹！

---

① 中共巢湖市委党史研究室. 巢湖市中共党史资料选编[M]. 合肥：安徽人民出版社，1998：420-422.

三、船工立功运动：

1. 在紧急情况下，解□□□ ① 而完成任务者。

2. 坚决勇敢完成突击任务者。

3. 能起模范带头作用，并能鼓励和推动别人立功者。

4. 在工作中有新的创造和发挥积极负责者。

具上述条件者，即可评为二等一等或特等功劳。

四、一般船工立功标准：

1. 坚持到底，完成任务者。

2. 在执行任务中有创造者。

3. 运送大军或爱护伤员、物资、船只、工具有成绩者。

4. 团结教育船工有显著成绩者。

具备上述条件者，即可评为三等二等一等功。

丙、功臣批准权限：

一、特等功臣由群众评议公认之后，再由主管部门负责呈报分区支前司令部附上意见，报支前办批准。

二、一、二等功臣均由分区支前司令部讨论批准。

三、三等功臣可由县一级机关讨论批准后，汇报分区支前司令部。

丁、功臣奖励办法：

功臣除在物资（粮食）上和政治（提拔干部发展党员）上予以适当照顾外，并确定特等功臣发奖牌，一、二等功臣发奖状，三等功臣发功劳证。

B. 惩的部分：

甲、有下列情形之一者，应按情节轻重予以惩罚：

一、造谣惑众，鼓动逃跑者。

---

① 原文如此。

二、隐匿逃跑者。

三、破坏船只、船上工具者。

四、违抗命令不听指挥者。

五、偷窃破坏船载公物者。

六、消极息工畏缩不前者，拖延时间贻误大事者。

乙、惩处办法：

一、群众水手违反条款轻者，以大会批评，宣布名单。严重者开大会登报，除消公民资格，交政府法办；私自逃跑者，由政府追究，抓送到原地原队处理。

二、脱离生产水手，按军纪处罚。

丙、处罚权限：

一、轻者由中队处理呈报县指挥部。

二、较重者由县指挥部处理，呈报支前司令部。

三、严重者，呈报支前司令部核准，交上级政府处理。

皖西巢湖分区支前政治部

1949 年 3 月 20 日

关于进入新区新城镇的工作指示①

目前我区形势急转直下，江北绝大部分地区已告解放，仅有沿江少数孤立据点尚为敌盘踞，形势已起基本变化。为了顺利的开辟新区工作，除地委扩大会上已有决定外，兹有根据上级指示精神，对下列各项问题指示

① 原件存于安徽省档案馆。中共巢湖市委党史研究室.巢湖市中共党史资料选编[M].合肥：安徽人民出版社，1998：311-314.

如下：

（一）

四分区绝大部分城镇及乡村在数月内已告恢复新区，突增数倍。为了安定新区人心，建立社会秩序，顺利的解除或受（收）编敌伪武装，收缴零星土顽，应充分认识政权在新区人民手里有传统威信，是一个极大的组织力量，但有特殊作用，在目前"乡府"基层政权尚无条件建立，利用伪保甲人员是一种暂时的过渡办法，是一种斗争策略，建立人民民主政权才是我们的目的，我们一面要克服过去根本不利用伪保甲人员的错误认识，致使社会秩序混乱，引起群众恐怕，又要防止今天可能发生的无条件的信任伪保甲人员，仍然使其作威作福，使群众仍无法抬头，同样是错误的。因此对伪保甲人员的处理和利用应采取如下办法：

一、个别有重大罪行人人痛恨的伪保甲长应予逮捕法办，但对一般伪保甲长在短时期内，仍须暂时利用，这样做法有益于社会秩序之安定。

二、以区镇为单位召开原有的全区镇保甲长会议，除罪大恶极者外，应到区听训自首，指出保甲制度是国民党反动派统治的基层机构。必须废除保甲长是国民党反动统治和压榨人民的帮凶，应受人民审查，现人民解放军及民主政府宽大为怀，为给他们一个重新做人的机会，责令在下列事件上立功赎罪：①登记潜藏该保的敌方散兵，反映特务分子线索；②呈报散落该保居民的私有枪支和弹药；③报告并看管在该保的一切公共房屋、机关学校及其他一切政府公共财产，使之不受破坏，如有破坏抢劫偷盗事情应即尽力设法制止和监视并呈报；④注意各户口（特别是旅馆客栈的来往人员），如发现可疑分子，应立即报告民主政府，如对上列各项有知情不报，甚至身为主谋者，当予惩处，但诬告陷害为恶者，亦应受处分，具体向他们提出必须低首下心为人民服务，以求人民宽大，绝不准称借人民解放军及民主政府招牌，招摇撞骗，作威作福，否则，经查党再不宽待随令他们依据上述内容，联名具结，保证切实遵守。如有狡猾的保长不愿接受上述命令借故推诿脱身者，一概不准。

三、经上述手续后，各区镇召开群众大会，务求每户有人到会，看伪保甲长，全体入场，站在旁边，去掉他们昔日威风，当场将第二项全部内容详细复述，将他们所认定之联名具结当场公布，使群众完全了解我们的企图，并号召群众监督他们，如发现他们继续欺压人民，或有其他不法行动，准予随时向当地政府控诉检举，查明确实，给予严惩。上述办法是在民主政府严密控制下，暂行利用伪保甲人员，不是承认他们取得合法地位（如××区××区派工作同志下去，还要给保长写介绍信，经过保长进行工作，确是错误），对敌乡政权不是原封不动应予解散，只能留用个别人员，各县试行，取得经验后推广。

零星敌伪武装应利用一切可能的力量（如伪保甲长、伪属关系、找关系等）争取其携械投诚，罪大恶极者，拿下武器处分改造，如仍有隐藏作恶者，应予追捕法办，一般是以争取瓦解达到彻底消除之目的。

（二）

收复城镇及乡村后，应广泛开展宣传活动，除宣传我之伟大胜利，揭破反动派和平阴谋，并扩大党的全部正确政策的宣传（主要是城市政策、工商业政策、双减政策等），揭露敌人的欺骗和罪恶，宣传各项政策中注意防止某些偏向流露，应引起各地注意。

一、在农村宣传双减中着重对农民基本群众宣传和教育，逐步提高其觉悟程度，扩大我之社会基础，与壮大我之后备力量，对地主阶级宣传消除过去"左"的政策影响，以稳定他们，减少工作中阻力但不能要给人一种印象：共产党如何照顾和保护地主了，"分田是不对的了"等，在过去"左"的政策影响不深的地区，不必作过多的"不分浮财不分田"消极宣传。

二、宣传宽待一般国民党人员和俘虏是对的，利用他们来进行瓦解敌军工作是必要的，但不要给人一种印象，似乎他们一放下武器就没有罪过了，所有罪过已经被我们一笔勾清了，就可以宣传自己如何觉悟立功了，似乎他们简直就是起义将领革命军人了。此外对起义部队的宣传也要有适当尺寸，不要夸大了他们的作用和觉悟，似乎他们比人民解放军还有功劳，还要革命。

三、宣传保护宗教自由与外侨安全是对的，但不要给人一种印象，似乎几个传教士和外国人在解放区和中国有着了不起的重要性，似乎解放军和人民政府，对他们负了债，必须用大的代价，来伺候他们。

四、各级党委和政治机关应加强宣传工作的领导，使之完全符合于党的方针政策，应该牢记党在新区城市的基本政策，依靠工人贫民及其他劳动人民，争取自由工商业者或自由资产阶级消灭官僚资本及反动派集团，共同的资本企业。在农村的基本政策是依靠贫雇农，联合中农、新式富农、佃富农，中立中小地主，争取地主左翼及旧式富农，孤立与打击大地主及恶霸地主。党的宣传工作是建立在这个正确政策基础之上的，一切过左过右的偏向及乱写标语乱做宣传的坏现象应该纠正和制止。

（三）

对文化教育上确定的方针应尽量争取，一切学校开学，稍加改动一般可照旧，只要能接受民主政府的领导，废除国民党反动派党派特务教育，对学校一般是给以保护的，不应操之过急，应采取逐步改造和逐步提高的办法。

确实注意知识，大量吸收入学或参加工作，由于目前的伟大胜利及寒假期间，从学校返乡散布在乡村城镇中的大中学生及文化教育人员为数不少，各级党委应以安徽公学招生名义，很好调查动员到皖西公学求学或参加工作，吸收愈多愈好。

（四）

当前新城镇财经问题上的主要问题是货币问题，由于新形势突变，广大城镇乡镇为我收复，伪金圆券急骤下跌，虽已丧失信任，但我新的货币尚未管行，为使市场交易不骤感筹码不足，应准金圆券照常通用，以免商业滞呆萧条并可通过商会提出号召使用铜元银元，价值由商人自行确定。

其次对城镇公共机关、敌伪企业首先加以保护或当地封存，然后统一于专署，工商局有次序接收，对企业部门，如工厂邮局应派员看管，最好使其恢复工作，不应过早派人接替职务。

再次社会救济问题，只有在各城镇建立社会秩序后，为了扩大我之政治影响加强社会基础，对真正赤贫的城镇贫民给以一定物资救济是有其意义的，但单纯救济是一个较长期的工作，目前各级党委可根据具体条件，提出具体意见和应救济的数字，供我们考虑决定。

再次锄奸工作的对象，是隐蔽的特务分子，不是一般土顽及一切国民党三青团人员。

皖西四地委
1949 年 2 月

元月下旬二月上旬综合工作[①]

元月中下旬，敌由安合路、淮南路、合芜水路上大批溃退过境，四分区现势有突变之象征。地委为了有计划的迎接当前之形势，于元月21日召开区以上干部地委扩大会议，历时4天。当时对四分区现势之估计：处在全国解放的前夜，土顽更加动摇，表现在气焰下降，纷纷找后路。由于我们武装力量不强，单纯政攻，收效不大，多是摇而不动，敌在布置上是改编，编走土顽，抢粮抓丁，破坏人力物力，扩大土顽士兵与人民之矛盾。敌人溃退过境，士气空前低落，沿途抓丁抓粮，战略上，是掩护向南撤退，大肆叫嚣虚伪的欺骗的和平阴谋，企图混淆人民视线，解放军已渡淮，我应做好一切准备工作，本地区是大军南渡跳板，沿江地区支前任务重大，如侦察、船舶、人力、物力等。敌人已在封江，因之：①地区人口骤增1倍。②干部准备还要供给上级，任务重大。③部队不足应付时局。④进城经验少。⑤拿游击区的组织准备与人力、物力、财力的物资准备来支援大军、支援渡江等，都是有很多困难的，预先必须在思想上、行动上好好准备，而免临时仓促应付，处于被动。

根据区党委指示，确定四分区目前总任务：抓住时机、放手发展，准备迎接即将到来之新形势；吃住土顽，支援野战军南渡，解放全分区。在这个总任务下，2、3两个月的具体任务是：

控制区：

一、查整土调干部，实验土调，恢复生产情绪，已分田的，确定谁种谁收；未分田的，宣传双减。

二、预征上芒（原文如此），整顿财粮机构，建立和健全制度，反对贪

---

① 原件存于巢湖市档案馆。

污浪费。

三、培养与查整干部（贯彻反无组织无纪律无政府状态）。

四、陆续整顿武装，开展对土顽群众性的强有力的政治攻势。

五、准备进入城镇工作。

边沿区：

一、开展长江、湖、河侦察与船舶工作。

二、整顿财粮，准备新区征粮工作，反对贪污浪费。

三、加强隐蔽的军事活动，开展群众性的强有力的政治攻势，揭发敌人和平阴谋，提高两面派政权工作。

四、轮训干部，反对无组织无纪律状态。

五、准备进入城镇工作。

进入城镇工作上情况：

（举三河市为例，略）

新区工作上，地委根据上级指示精神，发出二份指示，送上请审阅指示。

宣传工作上无为、湖东先后召开了2万人以上祝捷大会。

完成上述任务，必须明确认识有关各项政策性问题外，还需全党组织起来，克服过去无组织、无纪律状态，纪律松弛，政策方针不统一，组织不统一之联合国、独立国、山头主义，虽然在客观上，由于干部来自各方面，干部复杂，环境动荡，但不是主要的，主要根据是思想上未重视反无组织无纪律状态，没有深刻认清其影响与危害之大，在全国情况与介绍之下，反无组织无纪律状态是全党完成各项任务之先决条件与斗争方向。

为了使各项任务顺利进行，分清先后，主要次要，谁全面，谁一面，适当的结合起来，贯穿下去，不要一起弄下去，引起下面执行上混乱，称5个任务综合起来是2个任务："土地调整，支援战争。"今天眼前任务是战争，一切为了战争，长期中心工作，是发动群众，目前群众工作是作准备。

对任务之排列上：

支援战争方面：

支前：控制区以征上芒和健全财粮制度为主，目前暂停止查黑地，结尾欠慢一步，沿江地区如临江、无为、湖东、五区以船舶为主，人力准备为次。因本地区有基础，估计大军不会在此大批征夫，利用各种办法，吃住土顽，准备进入新城镇工作，抓住重点，很好结合起来，土调问题，上前已报。

在组织领导上：江北大部解放后，机关应固定，靠近集镇住，县委不要分得太散，机关不能离了主要负责人，便于掌握全面和执行任务。强调服从命令，遵守纪律，反对拖，反对游击习气，确实执行报告请示制度，整顿干部，教育与动员干部，保证完成一切光荣的繁重的任务。利用祝捷大会，将各种工作贯穿起来，在群众中动员，求得全面推动。

大军攻陷合肥后，四分区形势突变，先后解放了巢城、无为、庐江 3 城，三河、开城桥、襄安、泉塘、运漕、仓头、东关、黄姑闸、泥汊镇、临江坝、三官殿、汤沟、陡沟坝、炯炀河、柘皋、罗家埠等 19 座城镇，其他小据点未计。雍家镇、牛埠、土桥、新沟等 8 个据点为敌盘踞外，余均全部解放，沿江敌人不断抓丁抓粮，建筑桥头堡垒，防御与封锁长江。

我各部队之军事行动配合政治攻势，先后俘敌与争取起义投诚之敌共 2650 名，收缴迫击炮 2 门，重机 3 挺，轻机 35 挺，长枪 1580 支，短枪 50 支，迫击炮弹 50 发，各种子弹 3 万发，电话机 27 副（内总机 7 部）。

庆祝平津解放，扭转群众跑反思想，动员和布置各项工作，特别是支前工作，无南以区为单位，召集千人大会，三河召开了 2000 人以上祝捷大会，无城亦在开大会，具体收获和经过，各县尚未报来，待后详报。

吸收知识分子，专署开办干校，拟招生 450 名，无中、三河中学拟以复课，正在筹备中。

四地委

1949 年 2 月

皖西四地委给各级党委的一封信（关于建党工作）^①

同志们：

目前我区正处在热火朝天的支前运动中，胜利的形势鼓舞着人民，热情的人民支援战争，人民不但以无限的热情交粮交草修路疏河担架运输，支援大军过江，而且还在为着长期的更好的支援，进行反黑地反出夫不公负担不合理的各种正义斗争，这种斗争是正义的，是对长期支援战争是有利的，我们应当批准群众这种行动，正确的领导这种行动走向正确的方向打下长期支援战争和生产建设的基础。

正因为需要达到这个目的，我们就必须要在这一群众性的支前运动中，通过反黑地、反出夫、反负担不合理的各种斗争，通过群众性的立功运动，从中发现出身成分好、作风正派、阶级觉悟较高、勇敢积极、大公无私、联系群众、常年劳动与历史清楚之分子，通过各种组织（如船舶、担架、运输）加以培养教育，经过一定时期的考验即可按照党章规定吸收其入党。只有通过群众运动和群众斗争，才能将党的组织建设起来。同时也只有将党的组织建立起来后，群众运动才有骨干，才有保证，才能走向正确的方向。因为它有了正确的巩固的无产阶级的政党——共产党的领导。

但这个道理尚不被我们多数同志所体会，因此建党工作还没有引起我各级党委的高度重视。组织部长联席会议 3 个月过去了，但直到现在除无为一县有报告外其他各县均无报告。就拿无为这一县的建党工作来看，其中尚有许多的值得纠正。首先从它的发展统计上来看，全县 3 个月发展恢复重新介

① 中共巢湖市委党史研究室.巢湖市中共党史资料选编[M].合肥：安徽人民出版社，1998：322-323.

绍共计 52 名，其中新发展的 21 名占总数的 40%（强），恢复党籍的 16 名，占总数的 30%（强），重新介绍入党的 15 名，占总数的 29%（弱）。从这个统计表中就可看出发展工作的方针还不够明确，还没有冲破旧的观念，面向广大的劳动大众，重新进行建党。其次是还没有把建党工作与支前工作密切结合起来，还有些同志在强调行政工作太忙无法进行建党，这两点都是应当迅速纠正的。

今后为了便利各级党委更好地更正确地进行建党工作，四地委特翻印了中原局《关于发展党员建立党的基层组织的指示》，各地党委应即根据这一指示和组织部长一起讨论布置执行。

四地委会

1949 年 3 月 9 日

紧急动员起来，支援解放军解放江南[①]

江淮地区全部收复，万民欢腾，同庆解放，这是伟大的淮海战役获得全胜与无敌的人民解放军进军江淮的直接结果。随着淮海战役的胜利和北平的和平解放，全国形势急转直下，土崩瓦解、鸡飞狗走的国民党反动派在假和平的阴谋下，企图求得喘息，在长江以南继续组织反抗。为了争取江南早日解放，把革命进行到底，江淮全区党政军民必须高度地紧张动员起来，以支援前线为中心，全力以赴，支援解放军解放江南人民。江淮地区处于长江以北，津浦、淮南两线贯穿其间，人民解放军渡江南下，江淮是重要的前进基地、渡江跳板，是解放江南的支前基地。江淮全党全民必须发扬英勇坚持斗争和淮海战役中全力支前的精神，百倍紧张起来，紧急动员掀起全面的支前

---

① 江淮日报[N].1949-3-21.

热潮，贡献出一切力量，保证南下解放大军的物质供给和人力运输，完成上级党交给我们的支前任务。这一支前任务，是战略任务，在执行这一任务中，甚至是很少的折扣，都将直接影响了解放江南的伟大行动，我们必须十分严肃地认识它的严重的政治意义，不折不扣地迅速、圆满地完成这一光荣任务。

紧张艰巨的支前任务，已摆在江淮全党面前，为了胜利地完成这一任务，应立即在全区党政军民干部和广大群众中进行深入有效的政治动员，认识只有解放江南、解放全中国，江淮的解放才能获得最后的巩固，1000 余万人民的翻身大业，才能得到最后可靠的保障。应该迅速清除某些已经存在的支援战争的思想障碍。这些思想表现在"认为新区不能支前""认为干部少，工作基础薄弱不能支前""怕群众负担重，怕将自己地区扰乱了"等等。这些问题当作我们革命胜利中的困难去克服是必要的。假如成为不搞支前，或削弱支前的借口，那就是错误的。这是对全国胜利形势认识不够，对江淮地区有着相当丰富的物质力量和人民高度的支前热情估计不足的右倾思想。

我们必须认清目前形势是全国胜利的形势，胜利鼓舞了人民的革命热情。以往人民受尽国民党匪帮的无穷灾难，迫切要求我军打过长江去，彻底全部消灭国民党匪帮，这是组织群众支援战争的有利基本条件之一。

江淮地区大部分是抗战时期的老根据地，人民经过我党领导的坚持敌后抗战的锻炼，享受过民主权利，有着一定的政治觉悟，在国民党匪军占领期间，又遭受了残酷抢掠和屠杀，对匪帮是恨之入骨，对我党我军是热情拥戴。江淮党政军民在敌人占领时的极端艰苦环境中，仍能和群众一起，百折不挠地进行英勇斗争，始终坚持着党的光荣旗帜，我党和江淮人民有着密切的联系，只要我们动员深入，组织得法，人民一定会一呼百应地和我们共同来完成这一和他们本身利益密切相联的支前任务。这是二。

江淮地处淮河平原，物产丰富，人口稠密，人力物力相当雄厚，足以完成这一支前任务。这是三。

在抗日战争和敌后坚持中，人们曾多次支援过我军作战，某些地区已略有支前经验，在淮海战役的大支前中，我二、三分区党政军民和数百万人民，不但以高度的革命热情和紧张艰苦的作风完成了支前任务，亦在这一人民战争的伟大行动中，深刻地教育了人民，锻炼和提高了干部工作能力。目前华东支前司令部2000多干部参加了江淮新区组织领导群众支援战争工作，给江淮增加了新的力量。他们都是长期做支前工作的，有一定的支前经验，无疑地将会给我们很大的帮助。这是四。

只要我们充分运用发挥这些有利条件，克服困难是完全可能的，也必须克服。决定问题的关键，在于各级领导上对这次支前的认识和完成任务的决心。

各级党委、各级政府、各群众团体、各支前机关的所有同志们，你们必须发挥革命的创造与智慧，你们要保持深入群众联系群众的优良作风，全心全意为建立江淮支前基地，支援解放军打过长江去，解放江南而展开革命竞赛。加强在人民中的宣传鼓动工作，说明形势，揭露国民党反动集团的假和平阴谋，把革命进行到底和群众利益联系地来讲解，提高广大人民的政治觉悟，造成一切人民自觉支前的群众运动。把一切人力物力都组织动员起来，为战争服务。号召群众迅速碾好大米，磨好麦面，拿出粮食，运送烧草，保证解放军的粮草供给。这是当前支前中的重大的突击任务。为解放军运输粮草弹药，看守物资。集中力量抢修好铁路、公路、电话、桥梁、码头、船只，掌握保护现代运输工具，为解放战争服务。

在进行上述工作中，必须深入群众，采取教育说服方法，反对任何强制命令脱离群众的恶劣作风。必须从实际出发，有计划有组织，并无条件地服从战争需要；同时要把妇女儿童全劳动力半劳动力组织起来，进行春耕生产和部分地区的救灾工作，使民食军需有着长期的保证。

形势发展如此迅速，战争规模如此重大，支前任务如此艰巨，要求我们有高度的统一集中，要有严格的组织纪律，做到一切为了战争胜利，一切为了战争需要，一切满足前线要求。反对本位主义，反对地方主义，反对游击主义，坚决纠正目前存在的相当严重的无纪律无政府状态的有害倾向，把江淮区党委对支前任务的决定要求立即贯彻到实际行动中去。每一个干部，每一个党员，每一个革命同志，都要在这一发动群众支援解放江南的战争中考验、改造和提高自己，在完成这一伟大任务中为人民立功，完成任务。改造自己，提高自己，是每个革命同志应有的优良品质。

全体党政军民总动员起来！为创造支前基地解放江南而奋斗！

紧急动员起来，支援解放军解放江南人民！

放手发动群众，创造江淮支前基地！

全力以赴，支援前线！

支援前线，解放江南！

解放江南，解放全中国！

关于支前工作的政工指示①

为了解放江南人民，完成消灭国民党反动集团，将革命进行到底，解放全中国，全体党政军民干部群众必须立即动员起来，在全力以赴支援大军过江，支援大军扫清江南残匪，解放全中国的总任务下，加强各种政治工作，保证这一光荣历史任务的顺利完成，兹特提出如下意见，供作参考，望照执行。

---

① 原件存于无为市委党史和地方志研究室。

一、要加强干部的战争观念与群众观念，说明支援大军过江是关系江南人民早日脱离国民党蒋匪军的压迫蹂躏和糟蹋，是关系到全国的早日解放。这样支前既是人民委托我们的光荣任务，也是群众应尽的义务，就需要我们深入到群众中去，作有效的政治动员，掀起全面政治热潮，献出一切力量和代价，保证解放大军的物质供给、人力运输、修路架桥和撑船渡江、组织担架转运伤员，坚决完成上级党交给我们的支前任务，要知道对支前任务如有分毫折扣，都将影响解放江南的伟大行动。

二、深入动员耐心组织以提高群众思想，鼓舞支前热情，往日群众受尽国民党匪帮的无穷灾难，真是恨入骨髓，今日敌人已土崩瓦解，面临死亡，并在玩弄假和平的阴谋，企图得到喘息机会，重新祸国殃民。群众若能足够认识这些，即明白支前是为了自己，定能一呼百诺，是能完成一切支前任务。

三、大规模支前运动的普遍开展，要在公平合理负担的方针下，全力进行，这是群众性运动开展的基本关键。忽视这一问题最后效果定是事与愿违，而不能把广大群众发动起来，如往日极多不合理的现象，该负担而不负担或少负担的统治人物，该上夫而不上夫的刁滑分子和某些干部徇私舞弊或穷富不分，不讲劳力多寡，不论负担能力强弱，根本不提倡评比和互助。这种种错误，在当前的支援运动中，必须领导广大群众去大量揭发、扫除支前障碍，领导群众进行负担中人与人、户与户之评比与互助，确实掌握合理负担政策。

四、开展全面的立功运动，是完成支援任务的有力保证。各级党委各级机关必须重视这一个问题，每个干部同志都个个能站在支前立功的圈子以外发动广大群众，要深入到群众中，了解群众疾苦，体贴群众困难，使群众明白一切痛苦都是蒋匪造成的，把群众思想提高一步，群众有了阶级觉悟即会志愿破除具体困难，踊跃参加支前，决心立功。在政治方面去动员提出：人民的功臣人民敬仰人民爱戴，同时要坚定群众立功信心，说明立功并非难事。可根据我们的具体任务，做到人人立功，事事立功，以鼓舞立功之热情。

五、支前中的组织工作，也是不能忽视的，要耐心细心地把所有支前力量的人力物力都组织起来。要从男到女由少到老去一一发动，耐心组织，只有一般号召，缺乏具体组织，则运动即会间断消沉。还要注意培养积极分子，发展党员，以逐渐增多支前中骨干和力量。

六、至于支前的民夫船夫船主家庭的代耕和生活照顾，各种具体困难的解决，亦需要有经常的政治工作，各地可自行研讨，及时进行，以上问题望根据各地具体情况，研究执行。

致县区

皖西巢湖分区支司政治部

1949 年 3 月 10 日

渡江船舶工作总结^①

第一部分　船舶工作概况

一、我地区情况

1. 1 月二地委扩大会布置工作，指示沿江各县——临江、无南、湖东、五区、无为——的船舶工作，要当作中心工作任务，根据目前形势，迎接今后我军渡江任务，提出任务时，沿江各镇及无城、巢县、庐江，均是敌人据点。于 23、24 两日，所有城镇敌人全部撤退，只有少数沿江据点，如土桥、

---

① 原件存于安徽省档案馆.中共巢湖市委党史研究室.巢湖市中共党史资料选编[M].合肥：安徽人民出版社，1998：399-415.

刘渡、五洲、码头口（荻港对岸）、黑沙洲、二坝、雍镇、裕溪作为江北前哨。

2. 地区突然调开，船舶工作没有基础（因过去打游击坚持地区任务）我区是恢复区，沿江、汤家沟、兴隆庵、五号、姚沟等一段，5年前曾有船舶组织，现时只有个别工作关系，但对我是有印象的，内河一线，如黄雏河、钓鱼台等地，过去有我政权，群众有条件，这是有利于我们船舶工作。

3. 外帮船来我地区做生意，敌人溃退逃遁，当时我分区派武装出击，凡是船只均扣留下来，连轮船亦均未让他跑掉，计有8只，所有装货船皆停泊于指定内河一线。

4. 敌人逃往江南后，长江行船，敌人扣留没收，内河船只认识在此停泊好些，同时敌人还派汽油划子不断地在我解放江边拖船烧船，在泥汊烧了18只，刘渡也烧掉些，在姚沟拖了30余只，被我地方武装打下20余只。江南船只不准来江北，冀图造成破坏我江北无船只，使我解放军今后渡江困难，因以上情况，江外船只、船户均知道敌人要来拖船烧船，我们就乘此机会，发动船户自己将外江船只拖进河来，我们并派出些武装，帮助动员，口号是"政府为了爱护你们，保护船只的"，当时无南船只由外江拖进来的，这是造成我们有利条件。

5. 外帮船在此做生意，留落下来，均是100石以上的大船有200余只，该船工人及工具皆一套齐全，他们自己生活（留在此）自己可以解决，船上均装货物，如米、稻、盐等，这是有利的，本地区船只，工人少，船主回家，也有的将工具都搬回家去。另外本地外江船上的工具，被敌人弄去，损失很多，现只有船只无工具。

二、船舶组织配备人员

1. 扩大会后，吴云同志等几人，在无南临江进行船舶工作，分区名义上有个船舶总处，由陈副专员兼任，至2月10余号各县先后成立船舶管理处，县府抽调出少数干部，各县最多10余人（干杂在内），临江、湖东尚无专人负责，到 2 月 20 余号，湖东由刘副政委负责，3 月 7、8 号，临时才正式决定由齐建华同志负责，船舶部于 3 月 2 日组织起来，由华支调来 8 个干部参加船舶工作。

2. 组织情况，支前司令部设立船舶总部，下设行政、组教、工程 3 科，内设立船舶公司，由胡思汉同志负责，领导管理 8 只船，县为县船舶科，下设同样 3 个股，科下设大站、小站，以船停泊码头及河流线组成的，小站以下，以帮组成小组领导。

三、进行的工作

敌人撤退后，整个地区干部忙于接收城镇工作，接着征收粮食柴草，以便供应大军，船舶工作尚不十分紧张，只作准备，船舶部组织水手训练班，2 月 28 日成立的，抽调各县地方武装，行政上会揽船的人员来此学习，利用人事关系动员了计 70 余人，学习以政治教育为主，来的人员大部是未北撤的地方干部同志，失节自首，失掉关系是很多，因此情况，水手训练班提出政治口号，这次参加渡江是历史上光荣的任务，要在这伟大艰巨渡江任务中来考验、解决个人问题，也是提拔干部的标准之一，结果拟定渡江船工等奖惩条例办法，进行教育。训练班的同志大部分响应这个政治上号召，同时认识任务是艰巨的，觉得这一批力量还不够，积极提议，将临江县两个连队调来学习，会揽船的战士班长，六连 34 名，四连 38 名。以上总共计（脱离生产）水手 140 余名，意图控制掌握在船舶部作为机动力量，以备作渡江水手的骨干。

船舶部利用关系动员来参加我政府工作的人员，动员了 10 余人，组织工作组，分至各县作检查、帮助工作。

器材制造一批大跳板、拉船工具、划船桡子及绳子。

指示行政上，各县要集中大批水手，县自己集训，数目要将县内所有船只需要的船工水手，配备到两套，计划打算各县船舶科，进行船户动员教育，指定船只停泊点，按帮口组成小组，集中分散，以防空袭，河内船只全部进行初步登记，实行暂时军事控制。

船上所装的物资，动员他们装起来交给政府保存，如若使用动支，政府给条据负责归还。

四、思想情况

1. 干部

（1）认为这次工作是临时性的搞船只而已，也还快活，来往有船坐。

（2）船舶工作不会做外行。

（3）认识这个工作重要性，怕负不了这个大责任（顾虑过江受挫时，水手逃亡多，无法继续渡江）。

（4）部门负责同志，认为这样伟大艰巨渡江任务干部少，怕完不成工作任务。

2. 脱离生产水手，大部分同志过去是未北撤的，有多数好的同志，思想上这次是个好机会，要好好地干，来争取解决组织关系。

3. 船户（控制船只时间）

（1）开始时怕敌人拖去没收，不敢出江。

（2）现把我们一般船只控制起来，不该走，这样下去无法生活，要求解决船上工人及家庭生活。

（3）原来雇工人，现时回掉了，说今后无法付工资（刚好是正月里上工时期）。

（4）思想顾虑，留我们船干什么事情呢？如送物资打差，我们可以干，尽义务，哪知下文是送大军过长江，打仗真是个问题，想到将来过长江，多么危险，船打沉了，人打死了，我家生活怎么办呢？

（5）本地船主个别地偷偷地把船上工具向家搬，并进行破坏，将船冲通，沉在水底，把船骨干抽掉，船即散了。无南已发现有1只，放小孩子、老头子在船上看船。

（6）以船为生活的，慢慢来看着船，放了船即无法生活，以土地为生活,船是副业,到将来必须要时,看风转舵,可以不要船的。

根据以上情况进行以下具体工作:

1. 教育,拟了奖惩暂行条例作为教育内容之一。

(1)脱离生产干部水手,参加渡江任务是光荣的,也是我们革命同志应尽的责任,大胆地来接受这一光荣,要起模范带头骨干作用,争取在渡江时立功劳。

(2)船户以政治教育为主,并说是大军渡江是我们船只船工应尽的义务,说明陆地上负担任务,担架运输,修路等夫役,宣布军事管制时期,不准随意行动,如若有进行破坏船只工具者,要受到严重的处分。

2. 3月10日实行供给发粮(3斤半),在船上的家属均供给(地委指示集中即供给伙食,如县粮食任务大,怕开支粮,以后报不掉)。

3. 发给船工救济粮,第一批要发给55000公斤,以解决临时困难,并指示各县陆地上船工水手,进行土地包耕代耕。

4. 司令部专署张贴了布告,原船工应自动的上船去,陆地不服夫役。

5. 检查船只及进行登记船上所缺工具多少。

第二部分 军队与地方统一组织领导,完成渡江任务

一、统一组织领导上

3月20日于裕溪河口,军部与船舶部华支船管处,共同组织船舶指挥部,军部晨钟、亚冰二同志,华支船管处江干臣同志,船舶部胡一平同志组成,下设无南临江两指挥所,县船舶科与师部共同组成下,以船只水手每个指挥所下组3个大队,湖东船舶科和二十四军军部同样成立统一组织。

领导原则上以军队为正职,地方为副职。指挥部任务,统一调拨船、水手准备与配备,组织教育介绍经验,船上器材工具统一筹办,军部民运干部调出250余名,来参加船舶工作,组织船只,教育船员。

工作方针：

1. 船只集中至内河靠神塘、姚沟、刘渡、凤凰颈一带。

2. 教育巩固现有水手继续动员后备水手，要和行政上协助办理，开小差水手追回来，以巩固现有水手的情绪。

3. 船只进行登记编号，船工进行调查，研究技术高低，以便配备。

4. 船上工具要多加准备，要计划两备套，以防临阵缺工具，决定各县建立工厂。

二、集中船只军队派了大批干部至各站，共同至集中船只点，进行了解情况和动员教育。

方式，召集各站及船组长会员，积极分子会议后开全体船员大会进行动员教育，指定开往停泊点，以原来船员的组织，自己自动的开去，军队同志大站干部检查督促。

自动的去，我有少数同志领导。

集中发觉问题，船主逃跑了，船工不愿干。

1. 船主逃亡有不少，三汊河集中船只，大部分船主跑了，因该地没有我们的工作基础，其他点站船主逃亡是有些，不多。

2. 少数船只偷偷地隐蔽起来，也有个别的船只沉在水里。

对以上情况，处理方法，船主逃跑若不回来（原船工负责搞），大军渡江后，可以做三五个月生意，船主来要船叫他到大站去，说明道理，船给原船主，他要你一部分货价，由船工和船主双方意见解决，这样一来船工很满意，教育了现有船主解决无船主的船工。

后来有很多船工打听消息那有沉没的船只，船主不愿来，我们来干，有的自己找工具、锅碗等，有的船主也跟来了，原船组织小组长，自动的去找自己的组内的船，指挥部组成两个组，至内河一线进行检查，发现有船只，带至前面集中，有15只，以上办法收获很大。

原则上20石以下小船留在河内作运输工具和军队作计划演习之用。

无为全部、临江大部分船只集中至无城，军文工团演戏，开大会，进行政治动员内容：

1. 人民解放军要打过长江去，解放江南解放全中国。

2. 船员们送自己队伍解放军过长江，是自己事情，解放军过了江，船可以畅行无阻，财通四海达三江。

3. 打破思想各种顾虑。

4. 号召船员们要在历史上伟大光荣渡江中立下功劳，争取做英雄模范功臣。

船员们自动上台表示决心，并进行挑战。

临江无南（无为编入无南内）湖东3个单位来领导，集中点，临江集中于神塘、五号，无南集中于姚沟至泥汊一带，湖东集中于凤凰颈至姚沟外江一带停泊（因该外江是小夹江，前面还有五洲）。

三、船只组织配备与船只编制

1. 船员进行全面登记，缺船工多少（陆地上动员来的水手，军队和地方武装抽来的水手）登记搞船技术，如掌舵，会搞大船还是小船，了解技术高低，分配上缺船工的船上去，原则，每只船配备一名脱离生产的水手，以便领导掌握。

2. 船只进行详细登记，什么船多少石，能装多少人？装牲口多少？速度快慢等以利今后使用。

3. 进行组织25名至100名为第一梯队，100名至150名为第二梯队，150名以上作后位部队及后勤使用。

4. 编制原则求得不打乱编制，以原来站为单位，按船载重量编制，船只编号用石灰写的，每个单位方向，组成3个队，第一、二梯队干部，船舶干部及船工组织积极分子，参加领导，统一集中进行教育。

每个单位船只数，全部出口渡江，可带一个师的兵力（辎重、武装、牲口在外）。

四、工程船只靠近了内河线的江坝边，军负责同志及军事干部前来江边，侦察地形，研究渡江口岸，船只如何出到外江来，立即召集会议，船舶部工程科各县负责同志讨论方针，掌握军事任务要求与群众利益相结合，既要船只能出江又要照顾群众利益，研究了利害关系程度有多大，军队工兵与地方动员民工结合起来，统一由军刘科长负责指挥，任务是开坝、堵坝、疏河、阻河、拆桥架桥等。开坝疏河拆桥为了船只出到江边畅行，堵坝堵河为了水能积蓄起来不流出（现河水关在江坝外滩），有积水使用能将船浮起来，坝挖开了需要架桥，疏河船在桥下行，桥上能通行马车。

1. 挖开江坝、凤凰颈大闸（双街）内外坝两处，姚沟、中南河坝、东坝头、泥汊坝、神塘河坝、汤沟坝、内外坝8处。

2. 开圩河堤坝、小江坝、贾桥、鱼棚洲、头棚、六洲、泗洲夹7处。

3. 疏河

（1）三龙头至临江坝外，工程浩大新挖开一条河流，平均深4尺，有4里路长，阔有2丈5尺，三龙尾长半里路，新挖开的，六洲至四洲夹3里半路。

（2）疏河，贾河桥至汤沟原有一条河流深浅窄宽不一，疏通一致，姚沟河至萧家楼3里半路，疏工很大，轮船汽划子均由姚沟至高沟、泥汊出江。

4. 堵坝，姚王庙、三龙头、三龙尾、泥汊坝4处，目的使水涨起来，船在这一线停泊隐蔽便于出江，适合军事任务要求（估计只要15分钟到20分钟，所有船只全部能出江），阻马口天河，要求增加水位，水涨起来船只在这一线行动停泊隐蔽，使水流不出去，灌注神塘姚沟泥汊一带，船可畅通。

5. 建筑码头，以便辎重车辆上船渡江，姚王庙、泗洲夹、白茆南沿江、三龙尾、泥汊、马头口、江兴河头、新坝头9处。

6. 架设浮桥，运漕、仓头、上三溪、下三溪、襄安南边、沙家机器坊、蟹子渡，代家渡、山东湾共9处。

7. 架桥，杨家沟、小江坝、神塘河、泥汊外小王福渡建筑水鼓，渡汽车野炮，共计 5 处，以上均通行汽车，重炮驶至江边渡江口，以上工程时间，3 月 12 日开始逐步成功，至 4 月 7 日完成，不完全的统计民工 155000 余人。

8. 无南、临江、湖东，建立 3 个工厂，制造军用器材，及船上一切工具，计有 40 余种，有表附后，扎了小号木排，14 个以备渡汽车重炮性口等以上连浮桥码头等总动支凤凰颈帮、合肥帮及零星木料，计码口 2148 两 1 钱 3 分 9，实动用的附表，使用铁木石工 9518 个。

第三部分

一、渡江前

渡江前船舶干部同志，组织分配至各大队中队去，任务领导掌握船员解决他们实际问题，休息、住地、掌握、运输粮食、造饭及善后（负伤送医院、牺牲点即收殓、购买与制造棺材数 10 口）接收船只等工作。

各工厂制造大批船上工具及拉船绳子，根据所缺的工具全部发给船上以便渡江使用，并积余工具材料也运至江边，以备需要。

4 月 20 日部队与船员工作紧张起来，见于一切准备工作，如拖船绳子及船上工具，部队与船上工具，部队与船员，以团为单位，由师首长亲自负责进行动员，打过长江去，解放江南，解放全中国……后聚餐，师首长向全体船员敬酒，并举杯敬酒，一致干杯，共同去完成历史上光荣渡江任务。

船员们个个都抖擞精神，响应上级号召，坚决送解放军渡长江，毫不犹豫，顾惜表示决心，很多船员将自己所有好的和新的衣服都穿在身上准备牺牲算老衣，船员们相互说，谁死了要给谁家送个信，领回家去，谁负了伤我们一定要抬送到他家，湖东船员佩带符号写明姓名、住址等，并说牺牲了家里来好认尸体，船员身边有剩余钱和积余粮均拿出来买菜打酒吃，存了没有用处，大部分船员说，活也活在今夜，死也死在今夜。

船员们情绪很高，忙碌地做着准备工作，船员家属来到无南陆家渡有 30 余人，不放心家里人在前面，听说今晚要过长江，家属更急看家里人，担心他们今晚不知怎样，船员知道他家里来人，但为完成准备工作任务，未回到陆家渡去看家里人，船员思想精神集中起来，积极将后面船只赶上前面来，集聚到阻坝一带停泊。

二、渡江口岸、船只出口点与渡江面

船舶出口点与渡江面。

湖东船只于无南以五洲（姚沟对面）江兴洲颈新坝头，有12里，分了3个点面，该船只是在渡江前几天拉到凤凰颈双街坝，逐日拉起来，至小夹江一带隐蔽（是二十四军渡江口岸）。

无南船只以泗洲夹、三龙尾、三龙头，3处出江，渡江从白茆洲的南面，至大陆沟有4里半路渡江面，三龙头出口一部分小船打黑沙洲后辎重车辆由此渡江。

无南临江船只是二十七军三十三军渡江口岸。

江淮五分区巢湖船只，在临江泗洲夹、姚王庙两渡出江，渡江面是该两处有6里路。

三、渡江过程与完成任务

1. 渡江开始，船员们动作神速，悄然无声使用自己全部力量，15分钟至20分钟时间，将停泊靠在阻坝口里的所有船只，全部拉出于江面一线。

2. 行动时船员们用尽自己一切力量，船飞快地向江南前进（渡江军事原则以偷渡为主，强渡为副，两者结合起来，偷渡不成就是强渡）敌人发觉就开火，船员们"啊……""呵……"呐喊"冲呀！捉活的！"，把猛烈的炮火声压住，长江一遍响亮的声音，"冲呀！捉活的！"，立刻我军数百门炮齐发向江边地堡去，跟着船也靠近了江南的江边，敌人在水面设有防御木架子工程，使我渡江船不能在江边靠拢，船员发觉了，立即不顾一切，跳下水里，摧毁架子，将船拉靠了岸，像此类事很多，还有的靠不上岸，船员将肩膀子给我军搭脚上岸（是无为的船员）。

在敌人炮火猛烈下有船员负了伤，坚持继续划船，临江有个60多岁船员用手掌使劲划船，手上划起了泡，叫他们休息，他说坚决要完成任务，此类事很多。

3. 第一梯队船回来时，敌机就来了扫射和投小炸弹，船员毫不在意的划着自己的船，还未靠岸就叫喊着"上我的船，我是第 × 号船"，那时江心船只往来如梭，还均能按着原来预先规定的渡江口靠岸。

4.20日晚9点钟开始渡江至21日晨停止，船员们接受了渡江指挥所命令接着指定地点分散（刚天亮时，敌机七八架沿江扫射投弹，已没有作用），船员自己去休息，有很多船员回家去报喜信，怕家里人来找，担心着急，下午自动地仍回原地休息，有很多船员自己找休息地方去，在太阳刚下山时，他们仍前来上自己的船。自21日晚至24日均是紧张生活，夜以继日地不知疲劳，不计较，为了完成送自己军队渡江任务。

22日晚因军队已渡完，故去渡牲口、辎重、车辆、后勤机关，领导同志们，提出口号，坚持到底完成任务有功劳，继续立功，功上加功，是无上光荣，无功者要争取立个功，回家去完成任务后，进行评功，谁功劳大谁功劳小，开庆功大会，给功劳证，光荣的回家去。

5. 这样艰巨任务中，没有开小差和临阵脱逃的，有少数船工，在渡江任务进行两三天时，回家未回来的有一个县10余名，还有几名在渡江第二天听到前面没有什么危险，大军过了江，仍来到船上，过去开小差船主，现上船渡江，船主把他看住，送来船舶科，要求处理，并对船主说，你怕死，现时大军过了江，没有危险，长江开了，能做生意，你就来要船了，无南有三四个船主，船舶科知道的，还有不知道的，而船主与船工互相谈条件解决的有不少，有允许把粮食几石，要求还船的，还有许多船工开小差，现时亦来了，因怕以后麻烦，政府要处理他，渡江船员找他捣蛋，而是与过去奖惩条例进行教育有关系。

6. 完成渡江的任务，七兵团二十四军九兵团二十七军、三十三军3个军部及 3 个后勤部 2 个兵团部后勤部，姚王庙至泗洲夹一线船是巢湖的，渡二十五军三十军 2 个军部、2 个后勤部。

四、对渡江关怀

1. 对我军开始渡江时，均担心着急，这样阔的江水又猛，怎么能过去，船是有了（木船）。但江南有敌人守防，江沿并有工事、大炮，有个老头子（老百姓）出主意，告诉我们可以弄一批小船，船上点着风灯，起北风时，船上不要放队伍，给风向南刮，敌人发觉，认为你们过江，敌人就要打，上面准备船只过长江，不防备，意思是说使敌人发觉该小船，枪炮集中对小船上，上面要渡江，空城计是否能行，老百姓替我军计划主意渡长江。

2. 20 号渡江的开始，沿江一带老百姓，有的离江远的，知道今天渡江，站屋顶上看，远近村庄很少有人睡觉，一齐坐等着观看炮火及号枪及照明弹，听枪炮声，一直听到枪炮声断绝时才休息，说解放军过去了，看到信号枪从江南山里射出来，多快呀！等于飞一样（过去很担心着急，怕长江难渡得过去）。

五、反映

1. 老百姓群众认为国民党反动派还有几手，解放军未狠打未费力就过去了，从来没见过这么多军队过长江。未看到这样大战的热闹事情，如果过去我们中呀，军队有这么多，这样勇敢决心，日本鬼子也打不到中国来，就来也是死，前几年解放军只要有像今天渡剩下来的军队到来，我们也少受国民党匪军许多罪。

2. 敌人的兵船不是我们的小木船，有好几条被我炮火打毁外，其余小的逃至小夹江里去，船上人跑完了，过去军队和我们讲不要怕敌人军舰、大炮，我们不相信，今天事实是如此。

国民党反动派的军队真坏种，见到解放军就跑不及，见到我们老百姓就狠得很。

以上反映是很多，略说一点为例。

六、渡江后船员功臣思想表现

船上插着渡江有功的小旗子（部队发的），威风凛凛，盛气凌人，到处表现自己有功劳，光荣证服务证放在口袋里，遇到军队或政府及船舶同志就说渡江怎样我有功劳证你们看看。

无南宣布凡 100 石以下的船回家去，100 石以上的船仍留下使用，但他们都照样开，通讯员手里拿着枪去喊他们回来，他却把手对胸口拍拍说，你要打枪对我身上干，大炮我都不怕，还怕你这小枪吗？结果望他走了。

有一只船送军队到芜湖内河来，以后出口，部队要检查他，不准他出江，他就质问部队同志说，你们是怎么过了江，不是我们船送你，你能到芜湖来吗？结果部队亦无法随他走了。

无为有几个水手回家去，认为自己有功，到区政府去闹，到戏院看戏，别人问他哪一部分的，他答说，我们是送大军渡江的水手，要看白戏，叫他买票，他便说：这样的戏，不让我们看吗？我送大军渡江哪有钱呢？

有只船到了神塘河，叫老百姓替他拉船，老百姓不睬他，他就发脾气，我送大军过江回家叫你拉下去却不干吗？

船员有什么事情不直接找大站，却直往县府去说长说短，有一家打架，船工看到了，盛气凌人，跑到区政府问，谁是区长？人家打架你们不管吗？区长说："我们不知道。"他说请赶快派人把那打架的人抓来，区长问他是哪一部分的，他说"看不起地方干部"等等功臣自居思想表现很多。

七、评功

1. 原则以便于了解情况，干部下去，掌握好领导，求得走群路线，自报公议大家公论进行评功。

船舶部不成立评功组织，各科干部参加到船舶科去领导掌握评功，并决定县委会派员参加，结果各县均未实行。

2. 组织各种船舶科组织评功委员会，站为评功小组，以分站为单位集中报功、计功，有的以大队中队组织之。

3. 各县情况：

湖东进行全县集体评功，自报公议，大家公认，开得很热烈争论，把渡江中一段的点滴事情都全部弄出来（如有人请假自动跑回家而后来的，有的狡猾、怕死等情形），很认真地进行评了 4 天。

无南评功是很差，科内 3 人分头进行，各县负责，功与等级相差不远，现又重新评功，评功降低费力很大，县委直接领导掌握，将功评得使大家服了气，经大会讨论评定之。

临江有三分之一的没有参加评功，就结束了。

一、二等功评得不仔细不慎重，偏向很多，意见很多。

4. 评功的偏向：

（1）打不破情面，报功的人只报优点不报缺点。

（2）帮派，你是这一帮，他是那一帮，各站各帮的立场说话。

（3）争功、赖功，大家不辩论事迹。

（4）没有进行比功。

（5）表决功的，不考虑功劳事迹大小，看人家举手，就举手随从附和，自己没有主张。

（6）还有很多船员不要功，要回家生产去，各县均有四分之一未评功就回家，还有的自己功评了就回家去了。

（7）评功，船员送军队渡江的，要求军队同志在光荣证写一下功劳等级，有很多都写了英雄、模范、一等功等，结果经群众评功的降得很多，有的以军队写的意见为主，光荣证上什么功就记什么功，很多船员不满。

5. 各县均降低立功标准，无南一等功有 74 名。

6. 检讨：

（1）评功时进行动员教育差，对功的意思认识不够，有很多船员说，给一等功干部就算了，我也不想多（认为一等功没二等功好，一比二好）。

（2）干部级船员对立功标准在思想上不够明确地认识。

（3）对功臣人和事迹不够重视。

（4）功臣与等级不够慎重，弄得太烂。

7. 对评功反映：

"功"评得不公，谁会说谁就有功劳，谁和干部认识好点，谁就有功劳，无为反映很严重，有人到县政府来说，干部在那家吃了蛋就给了功，家门口人就有了功等反映。

奖品种类：

（1）大红旗6面，二十七军我分区各3面。

（2）水手英雄衣6件。

（3）渡江光荣旗150面，三十三军的，奖给水手衣100套，二十七军的。

（4）奖状、服务证、红黄五角星400个。

以后船舶部补发，每只船渡江小光荣旗1面。

船员们对奖品非常爱护与慎重，临江有船员将旗子光荣证失掉，同临县的船员吵得要死，说什么东西丢了都可以，怎么把旗子和光荣证掉了呢？湖东船员们二十五军未发给旗子，看了其他军发了旗子给船上，船员们自己买了红布做成旗子，要求县船舶科写字盖章，旗子和衣上制的字船员们自己重新加以制订好，怕坏了，并说做得不结实，光荣证奖状，船员们说，纸板不好，不耐久，就碎了，自己用皮光纸包了几层，放在口袋里，看得比田契还贵重。

八、一个追悼会议

追悼会要达到追悼牺牲船员，安慰其家属，教育群众，是解放大军过长江，为了人民解放事业，英勇的牺牲是光荣的，要求隆重素色严肃悲哀的进行。

1. 进行会议过程：

（1）县里事先通知各区了，政府及机关学校送来挽联花圈50余副，并派代表来赴会追悼慰问。

（2）物色几个进步的妇女，会说话的来陪伴参加会的烈属，进行招待安慰，这是主要的工作。

（3）会址选择一个大庙，布置半新半老的大灵堂，周围挂着挽联，中间设立烈士塔，后面是灵牌，两旁花圈，到会人挂着一枝白花，表示戴孝，姚沟船员数十名，穿着白衣服，送祭礼，赴会奏哀乐，会场是严肃悲哀等与老色孝堂一样。

（4）姚沟镇家人挂着白旗子，写着永垂不朽等字，游灵时有不少人家路奠，有一个牺牲的烈属家属离此很远未来参加会，灵牌由无南县副主任捧着，给群众很大感动。

2. 会的收获：

（1）到会的烈属无一人啼哭，连头天在庆功会上喊冤的烈属老奶奶也满意，并说"我老头子死得光荣、值当的"，烈属的儿子上台讲话，"我父亲是国民党反动派打死的，政府开追悼会来表示致谢，我是记着反动派打死了我的父亲，我要替父亲报仇"……这些语句沉痛感动到会的人。

（2）主任捧灵牌子，给群众感动，有一老头子说，我早要晓得有这样，那时我怎么不去当水手呢？打不死，爬水里淹死也是好的，有今天这样热闹，普遍反映死得值当的，人总有一死，再大的财主家死了，也没有这样热闹，也没有县长捧牌位。

民主政府做事情，到边到拐的，是没有话给人家说的。

3. 经验教训：

（1）烈士牌位摆放，要注意慎重，不能随便放，要分大小边"左右"，否则闹出纠纷意见，陈荣书烈士灵牌摆在小边（右边），当时许多船员不服气，提意见，质问大会主持人，你们摆灵牌位子，根据什么，把他（陈）摆到小边，当时答复根据功绩、年纪大小、牺牲英勇经过从左向右摆，这样大家才没有意见。

（2）挽联要多要好，最好有一部分是布的，还可以送给烈属做衣服，无南前是纸的挽联，还有一些挽联未挂起来，烈属对挽联很重视，看看问这哪里送的，表示是送给他家的，越多越光荣面子上好看。

（3）烈属来参加会，要多派人来招特安慰。征求意见打通思想（男的招待男的，女的招待女的），陪伴使他遵守会场秩序，以求会开得好，防止有家属硬性死得不服哭闹，说不好的话，无南事先注意此事，做得还可以。

（4）烈士塔要扎得大点，好看一点，奏哀乐笛子要多，以表示悲哀情景，这两点做得不够好。

皖西巢湖分区船舶部

1949 年 6 月 23 日

关于粮草供应的通知①

顷接华支来电：对粮草供给，有新的决定，本部特根据上级标准，通知如下：

一、机关人员（包括干部战士人员）粮草供给：

1. 大米：每人每天老秤 1 斤半（原标准市秤 1 斤 12 两）。

2. 草：每人每天老秤 2 斤 9 两（原标准市秤 3 斤）。

二、常用民工、粮草供给：

1. 大米：每人每天老秤 1 斤 13 两（原

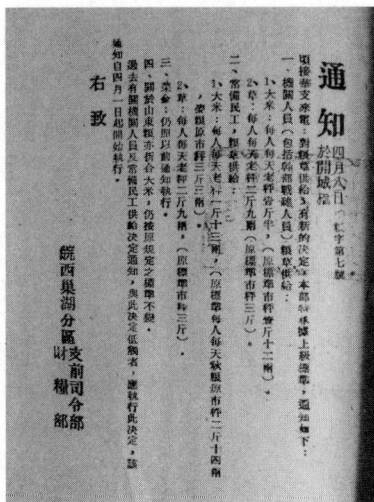

《关于粮草供应的通知》原件

① 原件存于安徽省档案馆。中共巢湖市委党史研究室.巢湖市中共党史资料选编[M].合肥：安徽人民出版社，1998：429.

标准每人每天粮原市秤2斤14两，麦粮原市秤3斤3两）。

2. 草：每人每天老秤2斤9两（原标准市秤3斤）。

三、菜金：仍照以前通知执行。

四、关于山东粮食亦折合大米，仍按原规定之标准不变。

过去有关机关人员及常备民工供给决定通知，与此决定抵触者，应执行此决定，该通知自4月1日起开始执行。

右致

皖西巢湖分区

五分区担运一团支前工作中的几点经验①

曾华轩

（一）

民工行军中带队干部必需注意减少民工疲劳，以符合连续行军的原则，因此行动计划，都应围绕在这一原则下进行，习惯于农村散漫的个体生活的农民，一下转为集体行动是不易转变的，表现在行军中，容易紊乱，东奔西路，乱喊，忽快忽慢，以致掉队脱节，疲惫不堪。为了防止这种偏向，事先各单位干部要有计划，从头到尾，分布开来，加强行军的组织领导，说休息就休息，说走就走，行军以前，要详细调查行军路线具体规定行军次序，循不同路线，按次序前进，以免拥塞，在容易拥挤的地方，要派人在场维持秩序，在快要到达宿营地点时，到指定地点联络，由联络人员分别率领至宿营地点，同时在交给各单位驻地时，一定要按户计划能宿人数，作为划分住地的根

---

① 江淮日报[N].1949-5-9.

据，同时最好预留两三个村庄，作为机动地方，以免偶然由于其他民工已住分配地点而打乱预定的宿营计划。在大队民工行军中到粮站领口粮也是容易造成紊乱浪费民工休息时间，粮站秩序也容易搅乱，因此事先应把各单位人数，应领粮食天数、粮食总数，按时分别编号介绍前往，川流不息，做到既不拥挤、又不息秤，这样发粮效率提高，粮站秩序不乱，民工也不疲劳。

（二）

民工的思想一般只要我们把道理说得入情入理是容易打通的，由于他们接触的事物不多，比较狭隘，往往前一个思想打通后一个顾虑又生，这是民工思想教育特点因此带领民工干部，要随时注意民工思想变化，具体领导。不能因行军中开小差少，而麻木自满，要认识动员时不深入，口号提得低，从暂时支前转为较长期的随大军胜利连续服务战争的思想没有确立，必需及时解决民工思想上怕路远、怕时间长等顾虑。如发现民工逃差现象也不要悲观失望，一言一动甚至脸色都要注意，要保持一定正常愉快，否则民工都容易产生错觉和顾虑，在打通民工思想工作中，切忌含混，但又需要机动灵活，要大胆、主动有预见，不能吞吞吐吐，如徐州解放，民工很欢喜，这主要是他认为自己可以提早回家，我们通过庆祝大会说明，目前还不能回去的道理，大家都没意见，但有些单位，不进行说明，就造成了民工恐慌甚至开小差。

民工支前热情一般是很高的，但由于路远怕吃苦还没有完全克服，多多少少会产生减员现象，因之算细账、比苦的运动必需很好的运用，比苦是和战士比，和自己在未翻身以前比，和蒋管区被压迫穷兄弟比，激发他们阶级仇恨心，从而认识到支前是为了自己，也为了帮助解放蒋占区的兄弟，算细账: 1. 从家里出来已经走了几百里，如果开小差回去，还要走几百里，到了家里要作第二批，还需走几百里，哪个上算？ 2. 部队同志拼命为了哪个？我们流汗为哪个，流汗比流血哪个苦？ 3. 为了打垮蒋介石，在农忙时还要把生产工作临时停止下来作后勤，现在正是农闲派不派安心？从这些实例出发，帮助他计算，民工的思想是朴素的，很容易接受真理，他思想通了认识加强了，支前积极性也就提高。

（三）

巩固民工的主要方法，是加强思想教育，但为了充分了解民工思想情况，领导必须深入，团部不但要了解总队部，而且要了解到大队部。了解大队情况，是为了根据大队情况去布置总队的工作。各总队，不但要了解大队，同样要了解到中队，大队不但要了解中队，同样要了解到分队，只有这样深入掌握情况，才能把团部、总队部、大队部力量集中起来，有计划去帮助中队，分配进行工作，只有这样，民工思想情况，才能够充分发掘，及时解决。同时，领导干部要以身作则，有些大队干部，把自己衣服借给民工穿，被子借给民工盖，没鞋子穿，领导上则亲自动手拾山芋吃，余下粮食换麻给民工打草鞋，晚上行军宿营，房子都先给民工住，如到某地时，没房子住，大队到分队干部都住在外面，50 多民工住间屋，本来都喊住不下，个个要想发牢骚，但看到干部都住在外面，大家一声不响了，在基层组织方面，要充分发挥党的力量，党员要分工团结群众，积极分子的要保证团结几个人或一个小组，明确分工、有布置、有回报、有总结，不断提高，不断地深入。

（四）

加强民工生活管理，不是单纯的事务工作，而是打通民工思想的物质基础，因此中队负责干部，必须多检查，多帮助计划。如果把民主生活搞好，巩固民工思想工作，就完成了一小半。这一次行军中，有一个单位，不准民工有足够时间吃饱饭，当夜开了小差 10 多个，某单位在 X 地，把伙食积余，买猪杀肉吃，并先说明西边肉贵，民工非常高兴感激。抓紧工作空隙进行教育，是帮助农民在文化上翻身的好机会，因此有任务接受任务，没任务就抓紧学习，我们在思想上要把这批支前队伍，当做学堂来办，从早上起身、上早操、唱歌起一直到天晚游戏、开班务会为止，要很好排列来进行政治教育和文化学习，能够这样做，一面可使民工思想比较专一，没有时间胡思乱想，一方面，民工可以在这支前运动中，学会字，又懂得了道理。

（五）

开展立功运动，是提高民工支前积极性的有效方法之一，在这里进行上，有两种不同的方法：第一种从上到下，先干部后民工，先搞党内，后搞党外，这种办法，只要把党员干部的立功思想搞通后，运动就会胜利开展，因此收集党内，对开展立功运动不正确的看法想法进行动员教育，打破各种思想障碍，是极其重要的环节。第二种办法是从下而上、党内党外同时并进的办法。党内进行怎样作个好党员，党外进行怎样做一个好公民教育，然后展开全面检查，揭发各种好坏表现，把每一个民工的思想行动，完全暴露出来，黑白分明，给大家一个比较明确的认识，然后根据这些材料，进行评功，先民工，后干部，先评基层干部，后评分队、中队干部。有功的民工，可以采取群众推荐组织批准的手续，调整与健全基层干部，使干部在群众中威信提高，而新干部与民工的关系更加融洽，干部作风，也就转变，而领导上又可从中发现积极分子，完成发展党的任务。在这一路线中，抓紧骨干力量，打通党内思想，党员带头的核心作用，同样是一个基本关键。

在上列两种开展立功运动不同的方法上，我们认为第二种方法比较健全、细腻，思想基础比较巩固，但必须要有足够时间，第一种方法，虽然同样可以推开运动，但在巩固与贯彻上，要更好掌握才行。

（六）

在大批民工参加战勤工作中，发生疾病或死亡现象是难免的，如果不能及时的、适当的予以处理，必然会引起民工思想顾虑，甚至引起逃亡，另一方面由于民工乡土观念较深，死亡者尸骨如不能还乡，对农民震动是极大的，根据这些体会，我们在处理民工疾病或者死亡的问题上，采取如下几种办法：一、轻病号：及时治疗，干部在生活上多加以照顾，必要时在本单位中开展互助，减轻病者的负担。二、重病号：有医院的地方，成立临时小组，指定专人负责，住院治疗；无医院可住的，一定要用担架抬住，随队行动，切忌把重病号乱丢乱放。三、在民工因病或因敌机扫射轰炸发生伤亡时，采取如下几个过程：（甲）负责干部亲自主持会议，引导民工发表意见，找出伤亡原因，从中吸收教育，让民工亲自体会，今后更加警惕起来。（乙）公开宣布政府对死亡民工的政治待遇及家属抚恤办法，要特别强调政府发给棺材，是一种"国葬"，有功于国的人，才能享受这种权利，这是光荣的死。（丙）人死不得复生，但未死者应该采取什么态度，退却逃跑呢？还是更加积极工作为死者复仇，让民工充分讨论，得了正确结论。（丁）尸体如何处理，同样让大家讨论，如果在结束战役后一定抬回去的建议，还不能满足民工要求时采取立即运回的办法，但必须联系精减原则，挑选比较老弱在前方作用也不过大的人，加以组织，备好公函，开好路引，发足路粮，写明伤亡待遇给地方政府，以便向家属说明，并有计划的发动其他民工写信回来，报告平安，来稳定其他民工家庭情绪。棺木抬回临时召集简单的追悼会，要大家化悲痛为力量。总而言之，民工死亡，一定要正确的、谨慎的处理。而在处理过程中，要加紧思想教育，是极重要的。

文　物

渡江战役纪念章

渡江战役纪念章，是 1949 年 4 月由当时中国人民解放军华东军区，特别为渡江战役取得伟大胜利而颁发的纪念章。

渡江战役纪念章（正面）　　　　　　渡江战役纪念章（背面）

三大战役结束后，国民党军在长江以北的主力丧失殆尽。为挽回危局，国民党一方面与中共进行和谈，另一方面却在加紧调整部署，编练新军，加强长江防线，企图凭借长江天险阻止人民解放军南进。国民党长江防御兵力由两大集团组成，其中"京沪杭警备总部"汤恩伯集团担任湖口至上海段沿江防御，华中"剿总"白崇禧集团担任宜昌至九江段沿江防御。国民党军长江防线总兵力为 40 个军，115 个师，约 70 万人，舰艇 133 艘，飞机 300 余架，在长江南岸一线构成了所谓水陆空联合防线。

为了坚决、彻底、干净、全部地消灭敌残余力量，中共中央、中央军委决定：以第二、第三野战军全部 24 个军约 100 万人的兵力，在长江下游实施渡江作战，夺取京沪杭，围歼敌主力于南京、镇江、芜湖间三角地区，进而出击浙赣线及赣北、闽北广大地区。其中以第二野战军 3 个兵团 9 个军为西集团，在马当至贵池间，以第三野战军 4 个兵团组成中、东两个集团，在贵池至芜湖和扬中至江阴间，实施渡江作战。另以第四野战军第十二兵团两个军及中原军区部队，位于武汉正面牵制白崇禧集团，配合作战。渡江战役于 1949 年 4 月 20 日夜发起，历时 42 天。战役由刘伯承、邓小平、陈毅、粟裕、谭震林组成的总前委指挥。

渡江战役纪念章就是为了纪念这一场具有决定性意义的伟大战役而设置的。它材质为红铜，直径 3.2 厘米。正面图案是波涛滚滚的长江，江面上排列着扬帆的战船，战船在汹涌的惊涛中直驰江南岸，炮弹在四周击起水柱，空中硝烟弥漫，英勇善战的人民解放军战士手持上了刺刀的步枪冲锋陷阵，争先恐后随时登上江南大地。图案下方铸有"渡江胜利纪念"字样。背面铸有"中国人民解放军华东军区颁发"，及"一九四九年四月二十一日"。该图案气势恢宏，构成了令人惊心动魄，场面壮观的艺术气氛。

渡江战役的伟大胜利，为中华人民共和国的成立奠定了坚实的基础。毛主席曾为此写下了著名诗篇《七律·人民解放军占领南京》："钟山风雨起苍黄，百万雄师过大江。虎踞龙盘今胜昔，天翻地覆慨而慷。宜将剩勇追穷寇，不可沽名学霸王。天若有情天亦老，人间正道是沧桑。"

70 多年过去了，每当见到这枚纪念章，我们难以忘怀老一辈的革命家、革命功臣所作出的伟大贡献。同时也能感受到那段辉煌、具有深远历史意义的战斗历程。

（邢朝庆）

渡江侦察中使用的"大拤盆"

在北京中国革命军事博物馆内，陈列着一只椭圆形的大木盆，这是渡江战役前夕，人民解放军第三野战军某部侦察队副队长齐进虎和队员们使用过的渡江工具，许多重要情报由侦察员划着这只木盆带回江北。

这只木盆是沿江渔民在长江及河湖港汊中捕鱼的小型浮渡工具，下丝网很方便。无为人称这种木盆叫"大拤盆"。

1949年3月中旬渡江战役前，华东野战军某部侦察队副队长齐进虎率5名侦察员暗渡到国民党军占据的长江中的黑沙洲侦察，在当地群众的掩护和协助下，摸清了敌情和地形。

黑沙洲是位于无为与芜湖、荻港之间的长江江心洲，国民党军在上面部署了很大数量的兵力，构筑了坚固的防御工事。齐进虎与战友们潜入黑沙洲后，经过近1个月的侦察，获取了敌军的兵力、工事、火力配备等重要情报。当准备渡江返回时，敌军发现了他们的踪迹，严密地封锁了江面，没收了大小船只，他们连一块木板也难以找到。齐进虎和战友们趁天黑悄悄摸进村子，四处找寻，才在一个牛棚里发现了一个椭圆形的"大拤盆"，他们把木盆抬到江边，借着夜色的掩护，一遍又一遍地练习划"大拤盆"的技能。划"大拤盆"的关键在于保持平衡，稍不注意就会翻倒。大家不知在水中翻倒多少次，喝了多少水，终于熟练地掌握了驾驭"大拤盆"的技能。

"长江无风三尺浪。"一个夜晚，齐进虎与战友们划着"大拤盆"准备返回江北，划至江心时遇到风浪，"大拤盆"剧烈地摇摆起来，几乎倾覆。剧烈的颠簸使战士们不约而同地呕吐起来。齐进虎鼓励战友坚持、再坚持！坚持到底就是胜利！天亮时，"大拤盆"终于靠了岸。齐进虎和5名侦察队队员凭借一只"大拤盆"从江心黑沙洲划到江北，连长年在江中打鱼的渔民都钦佩不已!

而后,我军凭借齐进虎侦察队拿回的重要情报,猛烈地炮击黑沙洲,准确地击毁了敌军所有重要的军事火力点,为渡江大部队扫除了障碍。

新中国成立后,这只立下了功劳的"大拃盆"被送到北京,陈列在中国革命军事博物馆。

渡江侦察使用的大拃盆

（文/图　叶悟松）

弹痕累累的"渡江先锋船"

当我们走进中国国家博物馆,参观"复兴之路"专题展览时,二楼一条带着桅杆与船帆的 7 吨木船呈现在参观者的眼前,它弹痕累累,船帆上弹洞连连,走近它,仿佛又回到枪弹横飞、硝烟弥漫的渡江战场。

这条船是 1959 年 10 周年国庆前夕,由原南京军区派人送至中国革命博物馆,后移送至中国国家博物馆的。这条"渡江先锋船"是当时中国革命博物馆首批征集、首批列展的重要革命文物之一。因当年运输条件所限,船只被截成两段,运到北京后,重新进行了黏合修复。现在,这条船成了国博陈列文物中体积最大的一件。

当时,各个参战部队各个军命名的"英雄船""先锋船""功臣船"很多,但送到北京陈列展览的只能是其中一条。这条船必须在整个战役中具有代表性,抵达南岸的时间必须领先,同时又不能有违令、违纪的瑕疵。为了寻找这条船,当时南京军区军史部门专门成立了一个征集小组,首要任务就是调查,确认哪条船最符合条件。征集小组经过全面调查和多方考证,确定在渡江战役中由无为发出的船中去查找,并依据部队保存的渡江船工花名册,最终找到了安徽省无为县钓鱼乡（1949 年 6 月划入巢湖市）的村民张孝华。找到张孝华时，那条参战船以及战后部队发给他的"一等功臣"功劳证和印着"渡江有功"的奖旗都在。当征集人员提出征集他保存的物品时，张孝华恋恋不舍地把船和文物交给了部队同志。

渡江先锋船

渡江战役前夕，张孝华是支前船工中的带头人，率先驾着他省吃俭用新制的连船帆都未装好的木船，响应支前指挥部的号召，从裕溪口驶向洲河口集中，然后驶向无为，担负运送解放军渡江作战的任务。张孝华的这条船被编在第一梯队，船队越过了三道江坝，到达指定的停泊地点无为泥汊，这条船在翻越江坝时，磨坏了船底，张孝华修好木船，并帮助解放军指战员进行了水上训练。

1949年4月20日，在泥汊江边，张孝华的船上登上了26名解放军指战员，全部背着手榴弹和炸药包，这是专门负责爆破敌军碉堡的突击队。出发的时刻到了，张孝华父子奋力驾船向南岸驶去，此时，江面万船齐发，炮弹越过江面映红了江水，张孝华的船一马当先，率先靠上江南板子矶岸边。26名指战员纷纷跳下船去，三步涉水，一步登岸，国民党军经营了三个半月的长江防线，首先在天险之地荻港板子矶被突破了。

这条船在渡江时被敌军枪弹打中多处，船帆弹洞累累，张孝华的儿子张友香也在战斗中负伤。

当年征收张孝华的船时，为补偿他的损失，另买了一条20吨的新船送给他。但当时张孝华已在巢县水上运输社工作，得到新船后，他爽快地把船交给了运输社。

（文／图　叶悟松）

牛埠渡江烈士纪念碑

牛埠渡江烈士纪念碑坐落于无为县牛埠镇蔚山行政村蔚山小学一侧。纪念碑碑身为砖混结构，建筑面积 25 平方米，周边占地面积 460 平方米左右。

1949 年 3 月，为肃清国民党军在无为长江沿岸所设立的据点，中国人民解放军第二十四军七十四师命令所属的一个侦察连拔除国民党牛埠西岗头据点，开辟牛埠至土桥直插江南铜陵的通道。3 月 17 日，侦察连在机枪炮火的掩护下，向敌碉堡发起攻击，由于地形不熟、敌军火力猛烈等原因，部队伤亡较大，第一次攻击受挫。

稍后，侦察连重新调整部署，选择突破点。经过仔细勘察，发现敌碉堡南侧有一小山丘，丘顶杂树丛生，既便于隐蔽设伏，又利于正面迎战，出其不意地攻击敌人。侦察连迅即组成突击小分队，沿山丘运动，直上丘顶。余部于西北斜坡实施佯攻，以轻重机枪组成火力，配置于佯攻方向，以吸引敌人的兵力、火力，掩护突击小分队实施攻击。

小分队首先向敌碉堡顶部投掷手榴弹，炸得敌人晕头转向、措手不及，顾此失彼。这时，侦察连的两个排战士在迫击炮火力掩护下，迅速接近碉堡，在碉堡四周搭起人梯，强行将炸药包塞进碉堡内，拉开导火索，迅速撤离。炸药包在敌碉堡内爆炸，碉堡瞬间被摧毁，敌军无一生还。与此同时，侦察连又指定一部向牛埠东南方向迂回，断敌退路。当残余守敌仓皇逃窜时，至东南山脚被设伏部队歼灭。

攻克牛埠国民党军据点的战斗，是一次出奇制胜的战斗，为后来攻击国民党军太阳洲据点提供了成功的经验。

在解放牛埠战斗中，侦察连 13 名人民解放军战士壮烈牺牲。为缅怀先烈，1956 年，当时无为县牛埠乡人民委员会设立渡江烈士纪念碑；1988 年 4 月，原牛埠区公所将纪念碑从西岗头迁至蔚山小学旁，碑身正面镌刻"渡江烈士纪念碑"七个金黄色大字，昭示着为中国人民解放事业献身的革命烈士英名永存，万古流芳！

（叶悟松）

牛埠渡江烈士纪念碑

泥汊渡江英雄纪念碑

无为县泥汊镇北关头的无为长江大堤边，渡江烈士纪念塔掩映在一片松柏的浓荫中。该塔是 1951 年为纪念渡江战役中牺牲的烈士而建的。

同时，它也记载了无为人民在渡江战役中的丰功伟绩。

1949 年 2 月，当渡江大军先后抵达无为四县后，各县都成立了支前指挥部，县委、县政府把支援大军渡江当作首要任务，提出"一切为了支前"。

在无为地区四县境内执行渡江任务的解放军和淮海战役后南下的民工担架队，共近 30 万人，仅每日柴草即需上百万斤，粮食四五十万斤，蔬菜 10 万余斤。每天仅运输粮草就需民工 25000 余人，而且连续 40 余天。据统计，无为地区四县先后有 100 余万人次从事筑路、挖河、抬担架、运输、站岗、防哨等各项支前工作，还有数千人教解放军学习泅水、乘船等水上作战技能。在实施渡江作战中，无为地区四县共有 5000 余名水手，英勇地与人民解放军冒着密集的枪林弹雨抵达江南岸。在水手中，既有年仅 15 岁的无为县女水手马毛姐，亦有临江县年近古稀的老人周德义；有的是父亲牺牲，

渡江英雄纪念碑（图/叶悟松）

儿子顶岗，有的是身体负伤，仍奋力划船而不下火线，可歌可泣的事迹不胜枚举。

渡江战役后，无为地区四县相继召开庆功大会，颁发纪念章、立功证书。第三野战军第七兵团司令员宋时轮、第二十七军军长聂凤智亲自为立功人员披红挂彩，表彰英雄们的功绩。在渡江作战中，四县共涌现出特等渡江英雄和渡江功臣 4 人，一、二、三、四等渡江功臣 2197 人，无为人民以巨大的功绩被载入革命史册。

（蒋克祚）

考辨·精神

考　辨

渡江先锋出泥汊

　　"春水方生濡须口，大军从此过江东。"陈毅元帅这句诗，是对美丽、富饶的无为土地和勤劳、勇敢的无为人民的深切眷念与赞美。"春水方生"是指农历三月的长江桃花汛；"濡须"乃无为的古称，巢湖水由濡须河流经无为泥汊螺丝口入江，是名濡须口。而"江东"亦作"江左"，泛指无为对江的铜陵、芜湖、南京以下广大地区，是一个历史地理名词。

　　1949年4月20日，是一个特殊的日子，新中国诞生的曙光已经显露，这一曙光也预示着"中国人民从此站起来了"这一伟大历史时刻即将到来。67年后的2016年4月22日，第二十七军部分英雄后代"重走父辈路，相约渡江日"活动的第二天，英雄后代一行60多人来到了父辈当年横渡长江的地方——无为泥汊镇，瞻仰渡江无名英雄纪念碑，听当年的儿童团团长王德清老人回忆全村人齐上阵担黄土、架木桥，充当解放军后援团的事迹，切身感受父辈们革命的不易和军民亲如一家的鱼水深情。

　　渡江战役的总方针是东中西3个突击集团，宽正面、有重点、多路突击。东、中线突击南京，直捣国民党反动派老巢。中线的突击任务重点由三野第七、第九兵团担任。九兵团第一梯队由3个军组成。二十五军自雍南、汤沟（姚王庙）通江口过江，二十七军自白茆（小江坝）、神塘河口及泥汊螺丝口、高新沟（石板洲、江心洲）过江。二十四军由姚沟、刘渡（凤凰颈）、牛埠、土桥过江。考虑到各军渡江口多寡、通江河道距离长短、江面宽与窄、登陆点难度大小等，各军规定：4月20日晚8:30准时以建制团过江。

中路渡江大军一马当先，首先突破国民党繁昌江防

在整个渡江战役中，二十七军第一梯队4个建制团以秋风扫落叶之势，率先突破长江天堑，在板子矶和夏家湖登陆，从而敲响蒋家王朝的丧钟。二十五军、二十四军也不甘落后，在枪林弹雨中紧紧跟随。其时，浩荡长江，千帆竞渡，群英争雄。多艘船只冲破敌军防线，各个部队的"爆破队""突击连""尖刀排"争先恐后地登岸，捷报频传。其中：二十七军5条船，二十四军2条船，十二军3条船，三十五军1条船。二十七军的5条船为：八十师二四〇团26名突击爆破手乘船工张孝华巢湖港1065号7吨木船，由泥汉起渡在繁昌荻港板子矶登岸；八十师二三八团乘王德金5号船，在繁昌板子矶登岸；七十九师二三八团一营三连副指导员宋孔广的船（原南京军区装甲兵副司令员）在鲁港江段登岸；七十九师二三五团一营三连二排五班之船在繁昌夏家湖登岸；八十一师二四一团一营一连尖刀排34名战士乘船工车胜科之船，在繁昌大洲登岸。二十四军的两条船为：七十一师第一梯队第一批战士乘女船工马毛姐之船，由无为太阳洲起渡在铜陵金家渡登岸；七十师二一〇团九连三班之船在文兴洲登岸。

泥汉是历史上江防要冲、兵家必争之地。宋明以降，泥汉设立巡检司衙门，有弓兵与哨船扼守江防。历史上多次战乱，泥汉皆硝烟弥漫。春秋吴楚之战，"南有鸠兹，北有驾邑"的典故由此而来；南朝梁承圣元年，荀朗破侯景兵于濡须；明末张献忠攻陷无为城，泥汉江防无不是首当其冲。20世纪中叶，历史再一次选择了泥汊，突破长江天堑的"渡江先锋船"利箭就从这里射向南岸。由此，泥汊载入了共和国史册，成为国家记忆中的一块红色纪念地。

泥汊是无为地区船工的集散地。长江是中国第一大河流，江宽水深，风大浪高，自古被称为天堑。加之国民党军队经营多年，其江防设施更加完善，自恃"固若金汤"。为防止解放军突袭过江，国民党反动派严控长江船只，对江北实行封江，强行掳走江北渔船，或烧或沉江，还有舰艇巡航，不时派飞机侦察，企图依托长江天险，固守待援，划江而治。国共和谈期间，党中央为防止和谈破裂，指挥百万大军饮马长江，日夜操练，枕戈待发。1949 年 2 月，三野第二十四军、二十五军、二十七军进驻无为，为扫清渡江障碍，渡江部队在临江大队、无南大队等地方武装的配合下，对无为沿江的国民党军队的残存据点先行拔除。4 月 1 日攻克刘渡、土桥据点，12 日、13 日、14 日陆续攻占了姚沟、五洲、太阳洲、泥汊码头口和蛟矶庙等国民党军盘踞无为的全部据点。渡江前夕，无为全境宣告解放。第三野战军各军驻守的位置：二十四军北起开城沿永安河两侧伸向襄安至沿江；二十五军由黄雒、田桥、三汊河、雍南伸向沿江一线；二十七军自石涧经无城至沿江一线。为配合部队行动，无为县、临江县、无南县、湖东县成立了渡江支前指挥部，为渡江部队做好后勤保障工作。四县指挥部共遴选 3382 名优秀船工，征集人小渔船 5000 余条①，以及大批竹排和木排（木排用于修补船只，竹排是强渡长江泅水训练器材），由濡须河浩浩荡荡开往泥汊螺丝口，在螺丝口（即泥汊坝）统一编号，按载重吨位大小分配各军，大中型带帆渡船立即翻堤（无为大堤）过江，大部分船只藏入芦苇荡中。也有部分船只由濡须河中段姚王庙河道，神塘河道和小江坝河道，姚沟、凤凰颈、牛埠、土桥河道，

---

① 冯显忠.中国共产党安徽省无为县组织史资料[M].合肥：安徽人民出版社，1993：66-67.

翻过无为大堤进入芦苇荡中隐藏（部分船只在内河中为部队训练使用）。其中，二十七军分配完好木船515条，船工（含部队抽调人员）2463人，其余船只配发给二十四军和二十五军。

泥汊芦苇荡是天然的藏船屏障。

无为四县广大干部群众千方百计征集到的渔船如果暴露在江面上，很容易招来敌机轰炸，后果不堪设想，而藏在芦苇荡中神不知鬼不觉，不易被国民党飞机发觉，大军渡江的企图不易暴露。内河少数训练船只给敌人造成一种假象：解放军渡江船只少，不足为虑。沿江区域芦苇荡是何人何时所植呢？据史志记载，清代为保护无为大堤，缓解江水冲击力，江堤外十丈以内，官府号召广植芦苇，在上自灰河口下至裕溪口的100公里的无为江岸线上，有着大面积的芦苇。康熙二十二年（1683），"滨江之（芦）场共四十有二"。乾隆三年（1738），丈量芦洲面积"共贰仟陆佰壹拾肆顷柒拾贰亩捌分有奇"。嘉庆八年（1803），沿江芦洲达57个。民国期间，安徽省府规定"芦洲十丈以内者，宜禁止开垦，以御风浪。圩堤之外，十丈之内，如无芦苇者，宜责成种植芦苇，以资保护"。民国二十一年（1932），无为县丈量核实芦洲、芦田面积为3521顷33亩。在这些芦苇荡中，泥汊芦场别具一格，芦苇又粗又大，生长茂密，沿江外护几十里，一望无际，几千条船藏入其中，不是知情者很难窥见其中奥秘。每到秋季官府派专人收割芦苇，卖给长江沿线老百姓编织芦席，养家糊口。但是，无为大堤外十丈内芦苇，官方严禁砍伐，违者重罚。

长江沿线芦苇荡给大中型帆船提供了一个天然的避风港，确保战时一声令下，立即载人过江。无为濡须河自古只有3个通江口，一曰泥汊螺丝口，二曰神塘河通江口，三曰濡须口（史称东西关，今裕溪口）；无为大堤外有4条外江河道通江，一是螺丝口通江口约1.5公里，二是神塘河通江口约2公里，三是小江坝通江口约5公里，四是姚王庙通江口约5公里。4处通江口芦苇密密麻麻，是藏船和练兵的最佳场所。

泥汉还是综合条件最优的渡江始发地。一是因为江面窄。渡江之际，恰是长江枯水期行将结束之时，江面不宽，水流缓慢。高沟镇原石板乡石板洲、江心洲（属泥汉管辖）江面只有1000米宽，能见度高。泥汉到荻港仅5公里之遥，尽管是夜间，且逆水行舟，1小时足矣。二是因为泥汉的船工轻车熟路。筛选出的3000余名船工中，大多数都是苦大仇深的农村渔民，渔民熟悉水性，驾船技术娴熟，对何时升降篷帆了如指掌。他们长年累月在长江中航行，熟悉水情和荻港地形及各个水陆码头，能灵活驾驭小船破浪避弹疾行。1949年4月6日晚，第二十七军将驾船技术娴熟的无为县船工和300多名精干人员组成先遣渡江大队，在亚冰（任大队长兼大队临时党委书记）、慕思荣（任副大队长兼大队临时党委副书记）的率领下，从无为石板洲和江心洲出发，采取偷渡和强渡的方式，分别在繁昌荻港十里场和铜陵北埂崔家至金家渡之间成功登陆。先遣渡江大队在繁昌、铜陵等地，将侦察到的国民党军江防部署、兵力调动、编制装备、作战能力、炮兵阵地、舰艇活动等情报，迅速报告给江北军部。同时，在中共繁昌县委、南繁芜总队的大力支持和配合下，破坏敌人的通信系统，放火堆、攻山头，扰乱敌军后方。先遣渡江侦察为渡江战役总前委、第三野战军制定渡江登陆作战方案，确立炮兵位置，摧毁国民党军江防重点目标提供了重要情报。在此次抢渡过程中，江北10余名船工功不可没，他们积极参加行动，为快速渡江起到表率作用。三是因为江北有重炮轰炸泥汉对岸的板子矶。板子矶，又名鹊起矶，是长江二十四矶之一，自古以来就是兵家要地，《太平府志》评述繁昌地形"外环长江天堑，鹊起矶突兀中流，扼咽喉之

驾船技术娴熟的无为县船工队伍

要"，素有"天垂星斗入江心，势吞吴楚千年壮"之称。板子矶上有敌重兵扼守（约1个加强连兵力），几门重炮对准江心，还有明碉暗堡，轻重机枪交叉火力网，对我军强渡长江构成一定的威胁。为了消灭这块"拦路虎"，渡江当晚6时，二十七军八十师在泥汊黄泥嘴处重炮齐鸣，以摧枯拉朽之势，重创江南国民党苦心经营的炮兵阵地和军事基地，尤其是对板子矶实施重点炮击，令敌人闻风丧胆，失去斗志。重炮为过江先头部队扫除了部分障碍，减少了部队的伤亡。

正是因为泥汊拥有得天独厚的有利条件，从泥汊出发的张孝华才能驾着他自家的木帆船飞渡长江，成为"渡江先锋船"。时年53岁的张孝华出身贫苦，有着一定的政治觉悟，参战热情高。由于过去搞船运时经常受到国民党兵的欺侮，因此他渴望参加这场战斗。1949年2月3日（农历正月初六），张孝华打破渔民正月十五之前不出船的传统习俗，率先驾船从裕溪河向洲河口（泥汊螺丝口）集中，并一路呼喊。到部队后，他又多次表决心，写保证书，要求打头阵、当先锋。他这种高昂的热情自然会受到部队首长的关注，当船队按吨位分成几个中队时，他被任命为中队长，成了这一批轻型船只船老大的领军人物。

张孝华有着20多年长江行船的经验，加上热情健谈的个性，很快得到了部队首长的倚重。他成了部队水上练兵的主教练，被他教过的战士都夸他是老船工、好水手，部队把他练兵中的模范事迹制成幻灯片进行放映宣传。他对长江水情的熟悉吸引了部队下至基层连队，上至师团首长的重视，不少领导不耻下问，向他咨询各种复杂情况下的行船办法。直到有一天，部队首长（张铚秀师长）拿了望远镜，让他观察对岸的3个大碉堡，问他有没有把握将船开到3个碉堡中间的那个主碉堡。当得到张孝华肯定的回答时，他的那条船就已经成为"渡江先锋船"的首选了。张孝华的船在部队重新编队后，被分配到泥汊江段，而这段部署的正是第二十七军第八十师。八十师的师长是大名鼎鼎的张铚秀。按照二十七军的作战计划，七十九师、八十师两个师是军里的第一梯队，分别部署在黑沙洲和泥汊的东西两侧，八十一师居中，负责两翼的安全。战斗开始后，八十一师二四三团佯攻黑沙洲，吸引敌军火力，而七十九、八十两师则置敌于不顾，直攻对岸。从第一梯队两个师各自承担的任务看，应该是八十师主攻，因为板子矶是块难啃的硬骨头，四面环水，三面陡壁，无法攀登，仅靠南面一条崎岖小道上山，易守难攻。八十师首先要打掉南岸荻港板子矶上威胁最大的3个大碉堡，确保二三八团、二四〇团20日晚10时准时过江。

"1949年4月20日下午约4时，渡江命令下达，张孝华的船编列为冲锋突击队第一小队第一小组第一号船。这个组另外两条船是他的同乡张孝寿、沈先法的船，张孝华担任这个小组的突击组长。傍晚7点钟，三野九兵团二十七军八十师二四〇团一个连的战士首先登上第一小组的3条船（号称燕子连冲锋队）。指导员先登上沈先法的船，连长登上张孝华的船，随即连长下达开船命令。张孝华、张友香（张孝华独子）父子驾驶自家改造的7吨巢湖港1065号木帆船迅速冲入江中，最先到达板子矶。"国家博物馆的王海蛟先生告诉我们，"同时出发是9条船，每条船上插有'先锋船'锦旗，张孝华船上安排26名战士（每人携带炸药包，没带枪支）、两名水手，另有两名监护战士，共32人。船头架1挺机枪，船底和船边均用1寸厚的草帘包裹，以减小渡江时发出的声响。张孝华和船工们拼尽全力摇桨，载着26名爆破手的张孝华之船终于冲破枪林弹雨，第一个抵达南岸。这艘'渡江先锋船'在疾行中，船橹被打坏，篷帆被打穿20余处，仍奋勇向前，离岸还有七八尺时，船上战士飞身跃下，迅速冲上江滩，扑向敌人，通过激战，很快占领了沿江阵地。"

据相关史料记载，第七、第九兵团"自昨（20日）20时，由石矶头至鲁港段发起渡江作战。至今晨6时止，已攻占长生洲、凤凰洲、黑沙洲、鲫鱼洲，及土桥右岸之补焕洲、闻新洲、扁鱼肚、紫沙洲，与荻港东北之马鞍山、龙中山、塞山与旧县街三山间之夏家湖、夏场王、严墩、徐家树、吴园子、管家桥、库坦地区。截至（21日）6时，我已过江者，计有二十四军全部，二十七军全部（4个师），二十五军7个团，共28个团。二十四军3个团正渡三官庙至夹江口段夹口，迫近铜陵"①。由此可见，张孝华的船只应在当晚8时左右出发，然后到达板子矶南边的外滩阵地。同时登陆板子矶的还有特等渡江英雄王德金，他船上也有24名爆破手。这50名爆破手和两个连的战斗部队，迅速歼灭外滩机枪阵地和滩上留守残敌，同时围攻板子矶，于当晚10时将板子矶的明碉暗堡障碍扫清。战役结束后，张孝华父子荣膺一、二等功，他们驾驶的木帆船被二四〇团命名为"渡江先锋船"。渡江战役结束后，各地相继召开庆功大会，八十师也授予张孝华"渡江先锋船"锦旗。

1949年5月15日，九兵团在无为体育场召开万人大会，会场上红旗招展、锣鼓喧天、鞭炮齐鸣，场面十分感人。出席会议的大多数是部队领导、地方干部、获奖船工和广大群众。所有渡江战役中获奖的大、中型船只（两帆以上的船只）如"渡江先锋船""渡江英雄船""渡江先遣船""特等渡江英雄船""一等功臣船"等整齐排列在东门小王渡至新河口，连绵1.5公里以上，参观者人山人海，热闹非凡。其间，三野第九兵团宋时轮司令员和第二十七军军长聂凤智亲自给立功人员披红挂彩，颁发渡江纪念章和立功证书。无为地区的车胜科、胡业奎（已牺牲，证书代领）、王德金被授予"特等渡江英雄"称号，马毛姐等2197名水手被分别授予一至四等"渡江功臣"称号。会上，群众掌声如潮，欢呼的激情达到巅峰，经久不息。

同时，二十七军还授予第七十九师侦察五班、第二三八团三连一班、第二四〇团二连六班、第二四〇团八班"渡江英雄"称号。九兵团授予第二十七军二三七团二连"渡江先锋连"称号，第二十七军侦察营二连"先遣渡江侦察连"称号，第二十七军二四〇团二连"渡江模范连"称号，第二十七军二三八团二连"团结互助模范连"称号。在这8条受九兵团和

---

① 江苏省档案馆，安徽省档案馆.渡江战役[M].北京：档案出版社，1989：103.

二十七军表彰的船只中，由泥汊出发的二三八团、二四〇团船只分别占九兵团和二十七军一半，备受群众称赞。这些英雄船给泥汊赢得了荣誉，英雄事迹在泥汊广为流传，誉载史册。

渡江战役后，无为地区四县合一。1949 年 10 月 12 日，无为县人民政府成立，3 位"特等渡江英雄"成为家喻户晓、令人崇拜的英雄模范人物。1951 年，中华人民共和国政务院秘书长林伯渠亲笔书写，发函邀请车胜科、马毛姐、王德金（因出差未能参加会议）赴北京参加国庆观礼，受到毛主席亲切接见。车胜科为无为水利工程争取中央拨款 1000 万元。马毛姐得到毛主席亲笔题词"好好学习，天天向上"，让无为人民倍感自豪。同年，泥汊"渡江英雄纪念碑"和"百骨坟"落成。这既说明渡江战斗的残酷性，也是对渡江英雄亡灵的哀思。至此，大军渡江先锋船始发地在泥汊，已成为脍炙人口的"口头禅"。1954 年，黑白电影《渡江侦察记》在泥汊和板子矶拍摄，成功放映。其中游击队队长刘四姐（马毛姐的原型）临江上船出神入化的撑篙一跳，让观众久久不能忘怀。此后，每年清明节，泥汊镇党委、政府都号召学校组织中小学生到泥汊的"渡江烈士纪念碑"开展祭奠烈士活动。每年定期开展"渡江纪念日"活动，邀请本镇一些德高望重的老同志讲述当年突击渡江的故事，启迪教育下一代不忘初心，做红色接班人。每逢外地来客，该镇在介绍情况时，首先都会介绍"渡江先锋船"始发地在泥汊，都会告诉客人，泥汊在渡江战役中有着重要的贡献。

2013 年，泥汊人邢朝庆斥资 300 万元，征地两亩，自建"邢朝庆红色纪念馆"，建筑面积 700 平方米。他从一些英雄、模范、功臣及烈士后代手中，征集他们收藏多年的珍贵文物约 1000 件（套）。还想方设法从群众手中购买各种红色藏品 30000 余件（套）。分门别类，分柜存放，展馆红色藏品琳琅满目，令人目不暇接。该馆长期无偿对外开放，每年吸引全国各地游客约万人次，受到社会各界的好评。

1959 年 7 月，中国革命博物馆正式竣工。这是北京市向十周年国庆献礼的十大建筑之一。为了博采革命文物，丰富馆藏，该馆向各大军区发出广征革命文物的通知，其中提到两条船：其一是浙江嘉兴"南湖红船"，其二便是出自泥汊的"渡江先锋船"。

1959 年 8 月，南京军区史学小组经过全面调查和多方甄别，依据"'渡江先锋船'必须在整个战役中具有代表性；抵达南岸的时间不仅领先同时又没有违令违纪"的标准，并根据部队保存的渡江战役船工花名册，最终聚焦到安徽省巢县钓鱼乡东张村张孝华（张孝华其时是无为县银屏区钓鱼乡人，1949 年 6 月渡江战役以后银屏区划入巢县），确认张孝华的"渡江先锋船"最早到达长江南岸。由安徽人民出版社出版的《安徽革命回忆录》对这一考证过程与结果做了翔实记述。之后，张孝华这条带着战斗硝烟、布满弹孔的渔船，被中国革命博物馆作为著名历史文物收藏（后移至中国国家博物馆陈列）。今天，我们看到这艘木帆船身上遍布的弹孔，仍旧不难想象那一夜惨烈的战斗情景。"渡江先锋船"现陈列在国家博物馆二楼北区的"复兴之路"展厅里。整个船身连同桅杆的高度共有 6.7 米，全长 8.8 米。2011年 3 月 1 日，国家博物馆经扩建后重新开馆，"复兴之路"展览利用多媒体半景画衬托渡江战役先锋船，营造出了浓厚的历史氛围，慕名前来瞻仰的国内外游客络绎不绝。1964 年 9 月，68 岁的张孝华进京参加国庆观礼之际，《安徽日报》做了报道。之后新华社、《人民日报》《人民画报》《解放日报》《中国档案报》《文汇报》等也纷纷对其进行了宣传报道。从此张孝华和"渡江先锋船"名扬天下。这次进京，他游览了天安门广场、长城、颐和园，留下了许多珍贵照片。其中有 3 张留在中国革命博物馆：一张是张孝华整理自己心爱的木帆船的照片；二是张孝华观看在京参展的 7 吨木帆船照片；三是张孝华观看"渡江先锋船"模型照片。这 3 张珍贵照片不仅填补了渡江战役"人船合一"的历史空白，也圆了他梦寐以求的夙愿。

2004 年，在渡江战役 55 周年之际，新闻纪录片《打过长江去》在海内外播放。"渡江先锋船"再次声名鹊起，享誉全世界。虽然张氏父子已去世多年，他俩地下有知，也会含笑九泉。

2017 年 8 月 23 日、11 月 3 日，中央电视台中文国际频道两次播放《国宝档案》节目之《光辉历程》。主持人任志宏在节目中运用丰富的历史知识，侃侃而谈，讲述张孝华"渡江先锋船"的感人事迹，再现当年渡江战役波澜壮阔、彪炳千秋的场景，令人回味无穷。

在无为泥汊镇江边，一东一西立有两座历史丰碑。东边是"渡江战役烈士纪念塔"，西边是泥汊"渡江英雄纪念碑"，凸显的意义非同寻常。回首烽火岁月，凝

位于繁昌荻港板子矶上的"百万雄师渡江第一船登陆点"纪念碑

望沧桑巨变，"渡江先锋船"留下的不仅仅是一座丰碑，更是一种精神、一种启迪与动力、一种激励和希望！这是历史对泥汊的选择，也是历史对泥汊人民的馈赠。泥汊与全县人民将视之为宝贵财富，永远珍惜与传承。"渡江战役先锋船始发地泥汊"与"登陆点荻港"不仅是无为与繁昌人民的光荣，也是两县人民深入进行爱国主义教育和革命传统教育的重要基地。

泥汊、荻港，一衣带水，青山遮不住，江水隔不断，是大江南北遥相呼唤的兄弟。伴着江水流淌，泥汊、荻港将一如既往地牵手前行，共享光荣，共葆红色记忆。

（李俊平、程传衡）

解开"渡江第一船"之谜

伟大的渡江战役拉开了解放全中国的序幕，英雄的人民解放军从此踏上

长江南岸，以摧枯拉朽之势，彻底推翻了国民党的反动统治。随着时间的推移，一些重要史实也逐渐模糊，关于谁为"渡江第一船"，哪里是"渡江第一船"的始发地和登陆点的争议不绝于耳。

1959 年 9 月安徽人民出版社出版的《安徽革命回忆录》中《渡江先锋船》一文，公开了南京军区一个史学小组的考证，认为张孝华父子所驾渡江木船由长江北岸无为县泥汊将 26 名人民解放军最先送到长江南岸板子矶。当年 9 月，中国革命博物馆将这艘木船作为革命历史文物陈列出来。1964 年 9 月，张孝华父子俩进京参加国庆观礼。由此，张氏父子的"渡江第一船"说法似乎已成定论。1999 年 4 月 21 日，中共繁昌县委和繁昌县人民政府在获港镇的板子矶上竖立起一块纪念碑，石碑上镌刻着"百万雄师渡江第一船登陆点"。然而，在此之前的 1989 年 4 月 20 日，中共繁昌县保定乡委员会和保定乡人民政府在离板子矶 27 公里的保定乡夏湖（原名夏家湖，现属三山区）就已竖立了一座刻有"百万雄师渡江第一船登陆点"的纪念碑，并将其作为德育基地。据查，

位于芜湖市三山区保定乡的"百万雄师渡江第一船登陆点"纪念碑

在上游的铜陵市胥坝乡群心村的渡江广场建有一座"渡江第一船"铜雕塑，纪念在胥坝文心洲登陆的英雄的"渡江第一船"，当地师生不断来此举办活动，听当地老人讲解"渡江第一船"的故事。不仅如此，江苏媒体报道称："（1949 年 4 月）23 日 0 时，三十五军一〇三师的 120 名指战员作为解放南京渡江的第一梯队"，在南京下关登陆，由此拉开了攻占国民党首都南京城的帷幕。一艘名叫"京电号"的机电船因此被誉为"渡江第一船"。2009 年 4 月，"京电号"从江苏灌南运抵南京，在渡江战役胜利纪念馆的广场中央

公开展出。另外，社会上还广泛流传着马毛姐、王东诚等是"渡江第一船"的多种说法。如此众说纷纭，给英雄的"渡江第一船"蒙上了浓浓的迷雾。

要解开"渡江第一船"这个历史谜团，就必须拨开层层迷雾，还原历史的本来面目，让真正的"渡江第一船"浮出水面。

一、渡江战役最早于何时打响？

首先，让我们把视野聚焦到渡江前夕的长江北岸。1949年2月至4月，中国人民解放军100万雄兵分西路、中路、东路三个集团军，在西起湖口、东至江阴一千多公里的长江北岸陆续集结，着手开展渡江战斗准备。根据渡江战役总前委制定的《京沪杭战役实施纲要》，整个渡江战役分为三个阶段进行，第一阶段为完成渡江，第二阶段为断敌后路，第三阶段为歼灭被围之敌。为了实现这个战略意图，西路集团军在刘伯承指挥下，于枞阳镇至望江段渡江突破；中路集团军在谭震林指挥下，于安徽裕溪口至枞阳镇段渡江突破；东路集团军在粟裕、张震指挥下，在扬中至靖江段渡江突破，完成渡江战役第一阶段任务。

1949年4月20日，国民党反动政府拒绝在《国内和平协议》上签字，国共和谈彻底破裂。根据侦察部队提供的情报和长江水情，中路集团军按照中央军委的命令，于20日晚作为渡江第一梯队在裕溪口至枞阳段率先发起渡江作战，迅速突破国民党军的江防，标志着渡江战役的开始。东路、西路集团军在21日之后的时间里陆续开始渡江。到6月2日，第三野战军一部解放了崇明岛，至此，渡江战役胜利结束。

4月22日凌晨2时，新华社播发了由毛泽东主席用如椽之笔亲自书写的《我三十万大军胜利南渡长江》："渡江战斗于二十日午夜开始，地点在芜湖、安庆之间。……不到二十四小时，三十万人民解放军即已突破敌阵，占领南岸广大地区，现正向繁昌、铜陵、青阳、荻港、鲁港诸城进击中。"这段文字比较准确地传达了四个信息：一是渡江战役从 20 日开始，二是率先渡江的区域在芜湖至安庆之间，三是渡江部队最先登陆区域在繁昌、铜陵、青阳、荻港、鲁港一带，四是与这些最先登陆区域隔江相望的无为地区是"渡江第一船"的始发地。

让我们跟着伟人的指引，在最先开始渡江作战的中路集团军里，进一步搜寻"渡江第一船"的英雄身影。

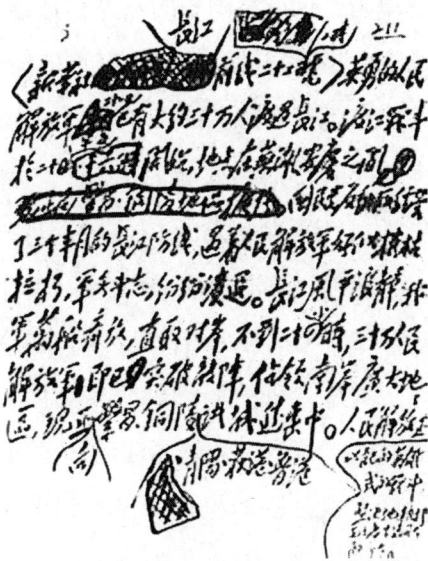

毛泽东《我三十万大军胜利南渡长江》

二、"渡江第一船"的诞生

率先渡江的中路集团军第一梯队之二十四军（军长王必成，政委廖海光）驻无为的开城沿永安河两侧伸向襄安至沿江，二十七军（军长聂凤智，政委刘浩天）驻无为石涧经无城至沿江，二十五军（军长成钧，政委黄火星）驻黄雒、三汊河、雍南伸向沿江。4 月 20 日 17 时 5 分，渡江部队炮群对江南国民党军碉堡进行轰击。随着夜幕降临，渡江部队将船只从无为的姚王庙、小江坝、神塘河、泥汊河等入江口翻坝拖入长江。至 20 时 15 分左右，第一批渡江船只大部分均泊于江畔，一字排开，准备冲向南岸。第九兵团二十七军七十九师二三五团，即赫赫有名的"济南第一团"的指战员已全部整装待发。一营三连二排五班班长刘德翠带领李世松、姜保崔等战士和一位不知名的老船工与其他战友一样在船上听命待发。渡江战役原定于 21 时开始，可就在这时出现了一个意想不到的情况——

二三五团团长王景昆满意地看到自己所属部队"赶在所有突击部队的前面完成了"准备工作后，下令"船只整理好，听令开船"。一营营长董万华立即叫通讯员将团长的命令传达给各排各班。一营通讯员误传为"将船头掉过去，整理好，开船！"三连的船只应声开动，三连二排五班那条船上的战士们在班长刘德翠的带领下划起木桨，船犹如离弦的箭"嗖"地冲了出去。七连不甘落后，亦随之出发。一时间上百条船悄无声息地冲向江心，个个争当渡江英雄。营长董万华发现后大呼："回来，回来！"但已是徒劳。七十九师为争取主动，遂令第二三五、第二三七团已拖出之船只立即开始渡江，二十七军各突击部队亦陆续起渡。伟大的渡江战役就此提前开始了。

刘德翠班的船行驶至离南岸一两百米的时候，被国民党繁昌江防守备第88军的部队发觉，立即枪炮齐发。该船冒着敌人的密集枪炮，仍然冲在最前面，于21时左右在繁昌县保定乡夏家湖靠岸。当时长江仍为枯水期，因崩塌造成江岸陡峭，于是，首先下船的4名战士立即架梯攀登，"在架梯攀登陡崖时，梯子被敌炮火炸断，战士李世松以肩扛梯，全班互相拉扯攀扶登上崖顶，向敌发起冲击"。《中国人民解放军第二十七集团军军史》（1999年8月出版）中不惜重墨地对刘德翠班的登陆情

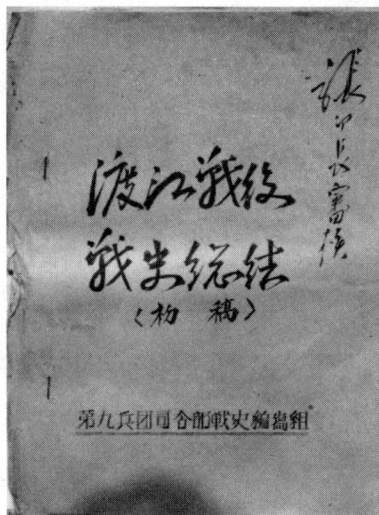

第九兵团渡江战役总结

况进行了细致的描述，并明确地指出："该班所乘船成为百万雄师中'渡江第一船'"。当刘德翠班占领第一道壕沟和江边地堡后，刘德翠按照事先布置，掏出信息枪，向空中发射了3颗信号弹。王景昆团长和单文忠参谋长在渡到江心时见到信号弹，马上用报话机向七十九师师部报告："饭做熟了！饭做熟了！"这是约定的联系密语，意思为"登陆成功"。

感谢繁昌党史办公室的吴幼青同志在二十多年前，通过对北京、上海、南京等地知情人的大量采访，撰写了《夏家湖——渡江战役第一船登陆处》，

用与上述军史近乎雷同的生动翔实的记录，让读者置身于渡江战船之上，看到了炮火连天的渡江场景，感受到了"渡江第一船"英雄们不畏难、不怕死的革命精神。《中国人民解放军第二十七军第三次国内革命战争史》也将这一史实庄严地记载如下："七十九师二三五团于（4月）20日21时由夏家湖一带登陆。""二三五团一营三连五班是最先靠岸的一只船。"此一结论在《中国人民解放军第九兵团渡江战役总结》中也得到印证："二十七军二三五团首先由夏家湖、庙下陈一带登陆。"查看地图可知，夏家湖正好位于毛主席为新华社撰写的消息中提到的鲁港至荻港之间。

这一系列证据形成的证据链足以证明，刘德翠班长所乘之船毫无疑问是最先发起渡江的中路集团军二十七军中最先登陆的"渡江第一船"，至于能否加之以伟大的渡江战役"渡江第一船"这个耀眼的桂冠，我们将在下文中进一步讨论。

"春水方生濡须口，大军从此过江东。"时任第三野战军司令员兼政委的陈毅在我军强渡长江之后写下这句激情澎湃的诗句，诗文中的"濡须"是无为的古称。这首诗继1949年4月22日新华社消息《我三十万大军胜利南渡长江》播发之后，再次确认了大军过江始于无为。"渡江第一船"的始发地无可争议地锁定在无为这块英雄的土地上。

三、"渡江第一船"之甄别

渡江战役结束后，各地相继召开庆功大会。三野第二十七军军长聂凤智亲自给立功人员披红挂彩，颁发渡江纪念章和立功证书。无为地区的车胜科、胡业奎、王德金被授予"特等渡江英雄"称号，马毛姐等2197名水手被分别授予一至四等"渡江功臣"称号。

让人意想不到的是，刘德翠班的"渡江第一船"却并没有得到大张旗鼓的表彰和宣传，原因是刘德翠班违令发船，是奖是罚，争议很大。最后，还是聂凤智将军一句"中国人民解放军先过的江"巧妙地平息了争议。争议是平息了，但对该"渡江第一船"不予褒奖，不作宣传。于是乎，刘德翠班的"渡江第一船"当时在社会上并未广为人知，随着时间的推移渐渐地被人淡忘，而其他各种"渡江第一船"的宣传报道纷纷出笼。

最先见诸报端的渡江英雄是马毛姐。1949年11月30日，皖北区各界人民代表会议在合肥召开。"无为牛埠区马家坝渡江一等功臣马毛姐为皖北区各届人民代表会议直接邀请代表"去合肥参会。1951年国庆之际，马毛姐应邀到京参加国庆观礼，受到了毛主席、周总理等党和国家领导人的亲切接见，并到毛主席家中做客。之后的日子里，《安徽日报》《名人传记》等在报道马毛姐渡江英雄事迹时，称其送解放军渡江之船为"渡江第一船"。然而历史的真相又是怎样的呢？让我们翻开1949年7月15日皖北区委机关报《皖北日报》上的《女英雄马毛姐》一文，文中记述道："4月20日晚，是我们开始强渡长江的时候……大家计议着'她（指马毛姐）委实太小了，又是个女孩子，回头打仗会吓坏的'。于是四五个同志走上前去，一面劝说，一面将她死拖活拉的送下船，她哭着嚷着硬要上去，但终于被战士们阻拦着了。""但是她并不失望啊，仍旧坐在江岸上守候着，等到她哥哥的船回来了。第二次载运战士们过江的时候，她无论如何也不顾别人的阻止，跑上船去，担任起她的舵手任务。"此后，她连续四昼夜运载战士们渡江，直到任务完成为止。以上是有关马毛姐英雄事迹的第一次报道，距渡江战斗不到三个月，可谓原始的记录。如果该文不失实，那么我们就可以认定马毛姐不在"渡江第一船"之上。

为了进一步论证以上观点，我们查阅了最早将马毛姐船誉为"渡江第一船"的报道。报道称她"以最快的速度最先到达金家渡（属铜陵县）"，然而，文中没有交代她的起渡地点、靠岸时间以及部队番号。为了弄清楚这一系列问题，我们只有依据她的登陆地点——铜陵，查找历史材料。

所幸的是，在率先渡江并向铜陵地区发起进攻的第七兵团第二十四军的

《渡江战役总结》（1950
年1月出版）中，找到
了我们想要的答案。
《渡江战役总结》记载：
"（20日晚）九时十五
分军统一发出开船号
令，并令炮兵即作支援
准备"，"我突击船只
正值炮火延伸射击时，
船亦迅即靠岸，我各突

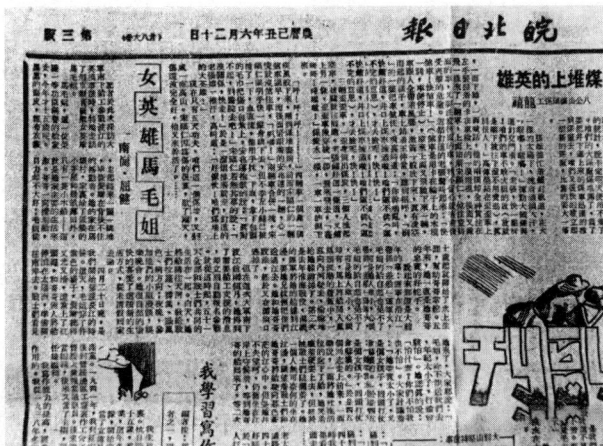

《皖北日报》上《女英雄马毛姐》的报道

击团统于九时三十五分至四十五分间在套口、东风泡、新江口（三地皆属铜
陵）等地先后顺利登陆，同时发出红色信号弹四枚"。由此可以判断，马毛
姐的船登陆长江南岸最早也是在4月20日晚9时35分之后。而此时间比刘
德翠班的渡江船登陆夏家湖要晚半个小时。

下面我们来看张孝华父子那艘编号为1065的渡江船。该船所载官兵是
二十七军八十师二四〇团的渡江勇士们。《中国人民解放军第二十七军军
史》记载，繁昌荻港至旧县之江防为二十七军八十师的预定登陆点。八十师
之"二四〇团、二三八团4月20日22时开船，22时25分登陆"。"二三八
团攻占老牛埠、钓鱼台、徐家巷一线阵地，二四〇团攻战迎风洲、板子矶、
马鞍山阵地。"由此可知，张孝华父子俩的船抢占登陆于板子矶最早是在
1949年4月20日22时25分。1959年9月记录张孝华父子英雄事迹的《渡
江先锋船》一文的发表，加之船在中国革命博物馆展出，无形中使人们将张
孝华父子的"渡江先锋船"等同于"渡江第一船"。1964年9月，在张孝华
父子俩进京参加国庆观礼之际，《安徽日报》又在头版进行报道，使之成为
家喻户晓的"渡江第一船"英雄。然而，将该船的登陆时间与刘德翠的"渡
江第一船"登陆时间相比，显然要晚1个多小时。

再看看 1959 年 4 月《人民日报》上发表的作家吴强的文章《渡江第一船》。该文记述的是驾着编为 9 号的自家独桅杆小渔船的渡江英雄王东诚。他载运的是第三野战军二十八军九连所属一个加强班的渡江勇士，从苏北的正东圩出发，直奔南岸的江阴市申港镇徐家渡口，该船被二十八军授予"渡江英雄第一船"称号。但是该文对王东诚之船的登陆时间也没有写明。所幸有另一史料记载："船到江心时，连长刘钢看了看表，已是下半夜 4 点来钟。这只 9 号船毕竟按照第九连连长刘钢和战士们的意愿，第一个靠上长江南岸。"另外，介绍中国人民解放军第二十八军首任军长

夏家湖"百万雄师渡江第一船登陆点"纪念碑碑文

朱绍清的《飞渡长江》中，有这么一段文字："4 月 20 日晚，渡江战役正式发起。4 月 21 日早晨，二十八军接到兵团通报：'昨晚中集团已胜利渡过长江。'朱绍清和陈美藻立即命令以最快的速度把这一喜讯传下去，并告诉指战员们：'中集团打得真好，今晚就看咱们东集团了！' 21 日 19 时 40 分，朱绍清正式下达了渡江命令。当即，江面上桅樯如林，战船飞驶。20 分钟后，朱绍清指挥二十八军渡江第一梯队的第八十二、八十三师成功登上长江南岸，先头突击营先后突破了王师塘、东港头防线。至 22 日晨，二十八军全线控制了申港口、唐段桥、舜过山、虞门桥，新沟一线滩头阵地，八十三师二四七团和二四八团则向纵深穿插，到达了舜歌山。"以上两则材料，从一个侧面补录了王东诚的第 9 号船抵达江苏长江南岸的时间应是在 1949 年 4 月 22 日凌晨 4 时左右。据此可以看出，王东诚之渡江船与刘德翠班的渡江船登陆时间相比晚了 31 个小时。

至于被江苏媒体誉为三十五军一〇三师在南京下关登陆的"渡江第一船"——京电号机电船登陆时间为 1949 年 4 月 23 日 0 时，与刘德翠班"渡江第一船"的登陆时间相比要晚 75 个小时。

刘德翠班的渡江勇士在解放上海的战斗中，几乎全部牺牲在"四川路桥"

通过对以上几个在全国知名度较大的"渡江第一船"成因的辨析，以及与刘德翠班"渡江第一船"登陆时间的比对，我们可以肯定地告诉每一位亲爱的读者，刘德翠班的"渡江第一船"不仅是二十七军的"渡江第一船"，而且是整个渡江战役的"渡江第一船"。

四、向渡江英雄们致敬

"滚滚长江东逝水，浪花淘尽英雄。"伟大的渡江战役中人民解放军伤亡 6 万余人，还有很多支援渡江的地方水手英勇献身。据当年"渡江第一船"上的幸存者，原南京军区装甲兵副司令、时任二三五团三连副指导员宋孔广回忆，浴血奋战、冲锋在前的"渡江第一船"上，刘德翠班的渡江英雄们渡江时没有伤亡一个，但在 1949 年 5 月 13 日解放上海的战斗中除了他之外，全部牺牲，老船工至今仍不知姓名。在我们读到这一消息时心情不禁为之一沉，深为他们在新中国的曙光即将照亮大地之际、在没有看到鲜花没有听到掌声的时候英勇捐躯感到扼腕痛惜。我们不能忘记他们，共和国不能忘记他们，他们是值得我们永远纪念的最可爱的人！

同时，必须指出的是，我们解开"渡江第一船"的谜团，只是为了还原历史的真实。在看到历史的真相之后，我们丝毫没有减少对其他渡江英雄的敬仰与热爱！文中所列的马毛姐、张孝华、王东诚等渡江英雄，每个人都有着一段令人感动的故事，每个人都有令人敬佩的英雄壮举。当时年仅15岁的马毛姐就勇抢重担，冒着生命危险在枪林弹雨中战斗，这种无所畏惧的献身精神本身就令人肃然起敬；再者，她那瘦小的身躯，居然连续四个昼夜运载战士们渡江，这需要多么坚定的信念和多大的毅力才能做到？正因为有了千万个马毛姐、张孝华、王东诚式的渡江英雄在各自的岗位上奋勇争先、冲锋陷阵，才成就了伟大的渡江战役的全面胜利。他们与"渡江第一船"上的英雄们一样，将在共和国的历史上永放光芒！

虽然伟大的渡江战役已经过去70多年，但我们仍以一颗诚挚的心向渡江英雄们敬礼！愿伟大的渡江精神永远激励我们在建设中国特色社会主义现代化强国的征途上，勇往直前！

（丁以龙）

渡江战役中中集团军为什么提前一天渡江

1949年4月21日，毛泽东、朱德发布《向全国进军的命令》。20日夜，人民解放军中集团在裕溪口至枞阳段发起进攻，首先突破长江天险。21日晚，东、西集团同时渡江。23日，人民解放军解放国民政府首都南京。

对于中集团为什么比东、西集团提前一天渡江，众说纷纭。

华东军区、第三野战军《第三次国内革命战争史》（初稿）第168页指出，中集团提前一天发起战斗，是"为了吸引敌人的注意力，保证东集团及二野渡江成功，以及渡江后迅速与东集团汇合"。军事科学院战史部受粟裕同志委托，答复繁昌县委党史办1983年8月16日致粟裕同志的函中指出，中集团提前一天渡江，"是为了更有力地策应东集团渡江和渡江后更有利于合围宁、镇地区南逃之敌加以围歼"。刘亮《历史大进军的轨迹》指出，中集团渡江江面较窄，江身逐步北转，与宁芜铁路平行，一旦人民解放军强渡成功，即可控制铁路，挥戈东向，抄捷径直捣国民党的老巢南京。还有些学者认为，中集团提前一天渡江是因为 4 月 18 日先遣渡江大队从江南发来电报称：敌人发现我进攻部署，乃采取行动，将防守芜湖一线的二十军西移到繁昌、铜陵一带，接替八十八军的防务。人民解放军第二十七军将这一情报及时报告了正在中集团检查工作的粟裕同志。粟裕同志又报告了军委，经中央军委批准，决定提前一天渡江。趁敌换防之际，打他个措手不及。

中集团为什么比东、西集团提前一天渡江？笔者有如下分析。

渡江战役的时间并不是一次确定的，而是依据当时的国共谈判情况确定的。1949 年 4 月 11 日，中央军委给总前委粟裕、张震、刘伯承、张际春、李达的电报中指示："依谈判情况，我军须决定推迟一星期渡江，即由 15 日推迟到 22 日渡江，此点请即下达命令。……总之 4 月下旬必须渡江，你们必须精确地准备一切。"[1] 4 月 15 日，中央军委又指出："和平谈判决以 4 月 20 日为限期……该日以后我军即须渡江。"[2] 4 月 16 日，中央军委致电总前委："你们的立脚点应放在谈判破裂用战斗方法渡江上面，并保证于 22 日一举渡江成功。"同时又请总前委考虑：假如南京愿意于 4 月 20 日签字，"但要求于签字后给他们几天时间以便部署，在这种情况下，我军是否可能再推迟 3 天，即由卯养（4 月 22 日）改至卯有（4 月 25 日）渡江"。[3] 4 月 17 日，中央军委给总前委的电报明确指出："20 日以后我军何日渡江，完

① 中共中央文献研究室，中央档案馆.建党以来重要文献选编（1921~1949）：第二十六册[M].北京：中央文献出版社，2011：258-259.

② 中共中央文献研究室.毛泽东年谱（1893—1949）：下卷[M].北京：人民出版社，中央文献出版社，1993：481.

③ 中共中央文献研究室，中央档案馆.建党以来重要文献选编（1921~1949）：第二十六册[M].北京：中央文献出版社，2011：290.

全由我方选择，不受任何约束。""你们应按原计划，确定于 22 日渡江不要改变，并必须争取一举成功，是为至要。"① 由此可见，人民解放军渡江作战日期是依据国共谈判情况不断研究确定的。

4 月 17 日，总前委向中央军委报告了全线渡江作战具体部署，这个部署明确指出 21 日至 22 日为正式发起渡江作战的时间，这个时间也同样包括中集团。但在部署中对中集团又做了具体规定：中集团的宋（时轮）郭（化若）兵团三十军于 20 日黄昏开始攻击裕溪口、西梁山两地；兵团主力于 20 日晚开始夺取鲫鱼洲、黑沙洲等江心据点。王（建安）吉（洛）兵团二十四军于 20 日黄昏夺取江家洲太平街以北之江心大沙洲（在铜陵以北），努力做到突破江家洲防线。二十一军于 20 日黄昏选择在贵池大通之间夺取长生洲、凤凰洲。这里所规定的"攻击"，仅指江北如裕溪口、西梁山和江心洲等地，并不是指中集团渡过长江。因为中央军委在 4 月 16 日给总前委的电报中指出："对敌北岸及江心据点，凡能于一夜夺取又利于夺取后第二夜即南渡者，则于渡江前一夜夺取之；凡不能于一夜夺取，又于夺取后需要较多时间做准备工作方利于南渡者，则应提前夺取之。"② 总前委部署中集团于 20 日发起攻击，正是贯彻中央军委这个精神，为 21 日正式发起渡江作战扫清障碍。4 月 18 日，中央军委复电总前委："完全同意总前委的整个部署，即二野、三野各兵团于 20 日开始攻击，22 日实行总攻，一气打到底，完成渡江任务以后，再考虑略作停顿，采取第二步行动。"③

---

① 中共中央文献研究室.毛泽东年谱（1893—1949）：下卷[M].北京：人民出版社，中央文献出版社，1993：483.

② 中共中央文献研究室，中央档案馆.建党以来重要文献选编（1921～1949）：第二十六册[M].北京：中央文献出版社，2011：290.

③ 中共中央文献研究室.毛泽东年谱（1893—1949）：下卷[M].北京：人民出版社，中央文献出版社，1993：483-484.

1949 年 4 月 18 日 15 时，中集团九兵团政治委员郭化若向总前委的报告，使中集团于 20 日渡江成为现实。郭化若 4 月 17 日晚在临江坝前线检查工作和师以上干部研究后向总前委提出："拟于 20 日夜与打黑沙洲（即江心的敌前哨阵地）同时全部渡江，如此较有把握。因如果先一天打黑沙洲，则更引起敌之注意，次晚渡江更不易取得突然性。"4 月 18 日 19 时，总前委电复郭化若并二野、三野和七兵团：你们提议 20 日夜与打黑沙洲同时全部渡江，对于这点"只要有可能就可以这样做，总之整个战役从 20 日晚开始后一直打下去，能先过江就应先过江，不必等齐，因为全长一千余公里战线上完全等齐是不可能的，但你们仍应审慎考虑，防止下面轻敌"[1]。总前委的答复，为中集团提前一天渡江做了明确的指示，对整个渡江战役具有决定性的意义。4 月 20 日晚，中集团军在裕溪口至枞阳段开始渡江，敌人的沿江防御在人民解放军强大的攻势面前不堪一击，江心洲很快被突破，并一鼓作气，一举突破长江天险，比东、西集团提前一天到达江南。

（程汉林）

---

① 李树发.陈毅年谱[M].北京：人民出版社，1995：557.

精　神

继承渡江精神

渡江战役是一场伟大的战役，挖掘探析这场战役蕴含的精神有着非常重要的价值意义[①]。习近平总书记指出：中国革命历史是最好的营养剂。历史是最好的教科书，也是最好的清醒剂。渡江战役，史称京沪杭战役，又称宁沪杭战役。1949年4月20日至6月2日，渡江战役历时43天，人民解放军第二、第三野战军以伤亡6万余人的代价，歼灭国民党11个军46个师共43万余人，解放了南京、上海、武汉、杭州、南昌等大城市，江苏、安徽两省全境和浙江省大部分以及江西、湖北、福建等省各一部分。渡江战役是解放战争中极为重要的一次战役，是"决定解放战争胜负的战略性战役，彻底粉碎了敌人'划江而治'的战略企图，避免了中国再次出现'南北朝'局面"，是"中国革命以农村为中心向以城市为中心转折的标志性战役"。[②]

[①] 较有代表性的文章有：杨学功《简论渡江精神的内涵》，《江南论坛》2016年第7期；胡昊《渡江战役精神探议》，《党史博采》2017年第4期；夏文元《伟大的渡江精神永放光芒》，《科教文汇》2014年第6期；杨国山、张海林《渡江战役中的无为县船工动员研究》，《安徽史学》2015年第5期。

[②] 王伟.论渡江战役的地位与作用[J].南京社会科学，2009（4）：119.

长江天险，敌械精良，人民子弟兵何以迅速制胜？当时国民党军队凭长江天险重兵防御，有强大的海空军，汤恩伯、白崇禧两大集团主力 70 万人，东起上海、西至宜昌，利用沿线阵地设防，占据绝对优势。我人民解放军条件艰苦，步枪帆船，地下武装甚至使用的是大刀等冷兵器，为什么还敢渡江，而且迅速取胜，靠的是什么样的精神？

在渡江战役中，体现在广大指战员以及广大民众身上的精神境界、精神面貌，蕴含着十分丰富的内容，既有中国共产党在新民主主义革命阶段形成的各类精神的共同内容如崇高理想、坚定信念、实事求是、从实际出发、联系群众、为人民服务、自力更生、艰苦奋斗等，也有渡江战役中形成的独特的革命精神内涵。

一、将革命进行到底的革命精神

1948 年 12 月 30 日，毛泽东为新华社写了一篇著名的新年献词——《将革命进行到底》。"将革命进行到底"是实施渡江战役的基本指导思想和战略方针，也是党在 1947 年 3 月国共关系彻底破裂后警惕国民党不同派别假和谈、假和平的坚持和延续。

1947 年 10 月 27 日，中共针对国民党政府经济委员会委员刘航琛，在宋子文支持下组织和平统一大同盟，并与中共联系进行反蒋活动一事，指出这"完全是在美帝蒋宋指使下来作缓兵计的阴谋"，"我们对于这类阴谋只有揭露反对，借以测验反蒋派别及人物的真伪，唤起人民大众更进一层的觉悟，决无利用拉拢之理"。必须坚持"把中国革命战争进行到底"，警戒和揭穿"停战议和"的"缓兵之计"。

1948 年下半年，随着国民党在军事上的节节败退，政治斗争日渐激烈，和谈呼声再起。中共中央于 7 月 18 日专门发出《中共中央关于揭破敌人和平阴谋的指示》，指出："由于战争失败，人心动摇，国民党统治日趋崩溃，美帝及国民党当局现正准备发动和平运动"，"迫使中共停战议和，借以保存国民党的现有地盘及军队，获得喘息时间，补充休整，然后集中全力击败人民解放军，消灭中共及一切民主力量"。指出："反动派所谓和平运动只是战争失败时求得喘息机会以利再战的阴谋计划"。因此"国民党政府必须打倒，反动军队必须解除武装"，"我们如果不愿意被敌人消灭，就必须把战争打到底，必须不要上反动派的当"。

随着辽沈、平津、淮海三大战役接近尾声，国民党军队主力被消灭殆尽，长江以北地区得到解放。为了"划江而治"，维持国民党所谓"国体""法统"，国民党内的和谈之声甚嚣尘上。基于此，毛泽东发表了新年献词——《将革命进行到底》，指出："现在摆在中国人民、各民主党派、各人民团体面前的问题，是将革命进行到底呢，还是使革命半途而废呢？如果要使革命进行到底，那就是用革命的方法，坚决彻底干净全部地消灭一切反动势力，不动摇地坚持打倒帝国主义，打倒封建主义，打倒官僚资本主义，在全国范围内推翻国民党的反动统治，在全国范围内建立无产阶级领导的以工农联盟为主体的人民民主专政的共和国。"强调："已经有了充分经验的中国人民及其总参谋部中国共产党，一定会像粉碎敌人的军事进攻一样，粉碎敌人的政治阴谋，把伟大的人民解放战争进行到底。"

1949 年初，国民党政治军事形势的急骤恶化与求和呼声日益高涨，导致了蒋介石的下野与李宗仁的上台。国共双方基于各自的现实考量，开展了渡江战役前的最后一次谈判——北平和谈。4 月 13 日至 20 日，双方代表团进行了实质性磋商，拟定《国内和平协定（最后修正案）》。中共代表团立场坚定，坚持无论和谈成功与否，解放军都必须打过长江，"长江在历史上也从来没有阻止过中国的统一"。

可见渡江战役是"将革命进行到底"战略方针的贯彻与实施。没有渡江战役，就不能彻底推翻国民政府的统治，不能彻底结束中国的半殖民地半封建社会性质，新民主主义革命就不能取得彻底的胜利。因此，"宜将剩勇追穷寇""将革命进行到底"的革命彻底性是渡江精神的重要内容。

二、排除万难、奋勇争先的拼命精神

当时我军条件艰苦、设备简单，大部分官兵不识水性，木帆船为主要航渡工具，而要面对的是国民党军水陆空联合封锁的长江防线，没有排除万难、奋勇争先的拼命精神是打不过长江去的。"巢湖练兵"就是一个例证。渡江前，各部队纷纷开展动员工作，同时针对战士不习水性、对长江存在恐惧心理的情况，抓紧组织水上练兵。八百里巢湖湖面宽广，是当时渡江部队重要的练兵场所。战士们先熟悉水性，早春的湖水还很刺骨，当岸上的人们都还穿着棉衣时，他们已经穿着短裤开始练习游泳。接下来还有水上技术和战术演练，最后再根据各自的登陆点进行综合演习。到战役发起前，一个连队每分钟平均航速能达到 70 米，靠岸后半分钟即可抢滩登陆。正是广大官兵刻苦训练，才由"旱鸭子"变成水上蛟龙。还有广为流传的"渡江第一先锋营""渡江第一船""渡江第一人"的故事，其实各部队都有第一先锋营、第一船、第一人，当时口号就是"死也要死在长江南岸上"。正是这种排除万难、奋勇争先的精神，渡江战役才能迅速取胜。

三、军民一体、夺取胜利的团结精神

军民团结是渡江战役中表现最为突出的精神。它是人民解放军勇渡长江天堑，推翻国民党老巢，赢得战争胜利的根本保证。渡江战役中，民工支前无论在数量上还是所起的作用上都具有空前的意义。因此军民团结是渡江精神的中坚所在。

渡江战役中的军民团结首先表现在广大民众对渡江战役提供的物质援助上。在渡江战役中，经过动员教育、全面发动，"短短三四个月，就筹集船只8000余条，动员船工19000余……动员7700民工，16个子弟兵团随军助战，另有332万民工运粮修路"。参与渡江作战的解放军野战军和地方武装共约120万人，军民参战比例达到1：3左右。物资方面，邓小平在战后的总结中强调，群众支援、地下党和游击队的配合是战役胜利的重要原因之一，"……但人民都一致支援我们。掘渠翻坝有一半是人民的劳作"。"在渡江准备的过程里，我们集结主要兵力在芜湖至安庆这个地方，所需粮食一亿五千万斤，其中百分之八十是沿江的人民拿出来的。他们把家里的粮食尽量拿出来，并且表示只要渡江，饿着肚子也不要紧。"①

渡江战役中的军民团结还鲜明地体现在广大船工作为战役的参与者上。渡江战役是一次规模空前的强渡江河进攻战役，这就意味着"船只与水手是渡江的基础，也是战役准备的中心环节"。再加上解放军中北方战士比较多，不习水性、不悉水情，更缺乏水上作战经验，因此船工在渡江战役中所起的作用至关重要。船工在渡江战役中的作用具体体现在三个方面。首先，帮助搜集船只及制造渡江航具。渡江最重要的是船只，这是解放军渡江的重要保障。解放军不仅没有现代化的航渡工具，就是普通木船也寥寥无几。国民党军为了防止解放军渡江，将沿江一带民船掳掠到南岸，并断言"解放军无船难渡长江"。为了解决船只问题，解放军政治上高度重视，组建了军队、地方党组织和船舶行会三结合的筹集船只指挥部，在军队中以师为单位组建了筹委会。采取解决船民思想问题的同时切实解决群众的实际困难等措施，取得了船工对渡江作战真心实意的拥护和支持。筹船工作在短时期内取得了巨大成绩，"在战役发起前，第二野战军筹集船只达1280只，第三野战军筹集船只达8070只，并且修造了无数的木排、竹筏、担架船、机帆船、三角芦苇、竹竿盆等各式渡江工具"。"第一梯队平均每个军获得大小船

---

① 中国人民解放军历史资料丛书编审委员会.渡江战役[M].北京：解放军出版社，1995：332.

只 500 余只，一次可载 1 万余人，而且有足够的储备保证第二梯队航用。"
其次，帮助解放军战士开展水上训练。在渡江战役准备阶段，由于二野、三
野官兵大都是北方人，不习水性，有的从没见过大江大河。为了解决干部战
士存在的各种思想问题，各部队除了依靠自身大力开展训练之外，还请来在
江边生活多年的老船工介绍江情、水情，加深指战员对长江的熟悉与了解，
较顺利地解决了大家的思想顾虑，坚定了"打过长江去"的信心与决心。最
后，就是战役进程中广大船工驾驶船只载送解放军过江，亲身参与渡江战
役。由于解放军多不习水性，军队中能够掌船者较少，渡江船只的操控仍然
主要依靠船工。因此船工的征调、组织与动员是保证成功渡江的必备条件。
通过解决船工日常生活困难，以诉苦运动激发复仇之心，开展立功运动增强
革命荣誉感，诸多措施动员了大批船工运载解放军渡江。以三野为例，经过
一个多月的努力，"动员了 1.9 万余名船工"。仅桐庐县就组织船民一万多
人。① 在渡江过程中，大批英勇船工与解放军并肩作战，不少船工牺牲在长
江中。如二十三军就牺牲船工 27 人，13 人受伤。仅据无为分区统计，民兵、
船工有 2200 多人被评为渡江英雄和功臣，其中特等英雄 3 名（1 名在战役
中牺牲），一等功臣 296 名，二等功臣 429 名，三等功臣 973 名，四等功臣
499 名②。

军民团结为一体，贯穿于渡江战役的整个过程与方方面面。在胜利渡江
之后，其突出地表现在人民解放军对新解放城市的严格保护上。1949 年 5 月
25 日清晨，上海市区一些早出门的市民走到马路上时惊呆于眼前的情景，这
就是震撼当时中外舆论界的解放军睡马路的场景。著名科学家竺可桢在日记
中记下了当时的所见所感："26 日，下午三点起微雨，子夜大雨……解放军
在路站岗，秩序极佳，绝不见欺侮老百姓之事。在研究院门前亦有岗位，院

---

① 《粟裕传》编写组.粟裕传[M].北京：当代中国出版社，2012：443.

② 安徽省军区政治部.安徽民兵斗争史话[M].合肥：安徽人民出版社，1982：236.

中同人予以食物均不受。守门之站岗者倦则卧地，亦绝不扰人，纪律之佳，诚难得也。"[1]

　　解放军作为人民的军队，时时刻刻地维护着人民的利益，军民之间形成鱼水深情，结成牢不可破的纽带。早在1948年6月，便制定了《入城纪律守则》。在渡江战役实施之前，三野前委制定了《入城守则》《城市纪律》《外交纪律》《城市政策汇编》等文件，颁发给解放军战士学习，因此才会出现上海解放初日街头的一幕。

　　渡江战役的伟大必然蕴含着伟大的精神，虽然今天时代变了，条件变了，但中国共产党人为之奋斗的理想和事业没有变，渡江战役中体现的这种革命精神、拼命精神和团结精神仍然闪烁着光芒。习近平总书记指出："理想之光不灭，信念之光不灭。"[2]新的历史条件下，要实现"两个一百年"奋斗目标和中华民族伟大复兴的中国梦，要将中国特色社会主义伟大事业推向前进，要进行具有许多新的历史特点的伟大斗争，必须勠力同心、排除万难、前赴后继、永不言弃。大力弘扬这种精神需要在以习近平同志为核心的党中央领导下，始终保持党同人民群众的血肉联系，始终为党和人民的事业艰苦奋斗、不懈努力。只要包括渡江战役精神在内的中国精神在，魂魄就在、力量就在、生机就在，一个由这样精神灌注的党，一个由这样精神灌注的国家和民族，必定无往而不胜。

（童毅之）

---

① 竺可桢.竺可桢日记：第二册[M].北京：人民出版社，1984：1255.

② 习近平.习近平谈治国理政（第二卷）[M].北京：外文出版社，2017：35.

后 记

　　2024 年是中华人民共和国成立 75 周年，也是人民解放军渡江战役胜利 75 周年。为此，中共无为市委宣传部决定编写《春水方生濡须口》一书，作为对渡江战役这一重大历史事件的纪念，并委托无为市历史文化研究会承担此项工作。首先，由王敏林拿出一个编纂方案，提交市委宣传部研究批准。其次，确定专人，明确任务，责任到人，一包到底。再次，组织参观，学习取经。在市委宣传部领导的安排下，市历史文化研究会组织专人赴繁昌取经，受到中共繁昌区委宣传部的热情接待。其间，参观了板子矶及渡江第一船纪念馆，受益匪浅。最后，实地考察，去伪存真。通过对泥汊、神塘河、小江坝、姚王庙 4 个通江口的考察，明确蓄水藏船和水上训练位置，纠正了有关资料中个别不实之处。全书内容以纪实为主，兼有传记、历史文献以及关于渡江船只的考辨文章，力求全方位展现无为人民在渡江战役中的贡献。

　　本书的编写，得到了市文化旅游体育局，市文联，泥汊镇党委、镇政府以及无为市档案馆的积极配合与支持；国家博物馆的同志也为本书提供了相关资料，在此一并表示感谢。

　　由于编者的水平有限，遗珠之憾在所难免，敬请各位读者谅解。

编　者

2024 年 3 月 1 日